母親在我心裡

扎下的刺

母親在我心裡扎下的刺

作　　　者	夏天 Summer	
翻　　　譯	陳品芳	

執　行　長　陳君平
榮 譽 發 行 人　黃鎮隆
協　　　理　洪琇菁
總　編　輯　周于殷
企 劃 主 編　蔡旻潔
美 術 總 監　沙雲佩
設　　　計　陳碧雲
公 關 宣 傳　施語宸
國 際 版 權　黃令歡、梁名儀

出　　　版　城邦文化事業股份有限公司　尖端出版
　　　　　　臺北市民生東路二段141號10樓
　　　　　　電話：(02)2500-7600　傳真：(02)2500-1971
　　　　　　讀者服務信箱：spp_books@mail2.spp.com.tw
發　　　行　英屬蓋曼群島商家庭傳媒股份有限公司
　　　　　　城邦分公司　尖端出版行銷業務部
　　　　　　臺北市民生東路二段141號10樓
　　　　　　電話：(02)2500-7600(代表號)　傳真：(02)2500-1979
　　　　　　劃撥專線：(03)312-4212
　　　　　　劃撥戶名：英屬蓋曼群島商家庭傳媒(股)公司城邦分公司
　　　　　　劃撥帳號：50003021
　　　　　　※劃撥金額未滿500元，請加付掛號郵資50元
法 律 顧 問　王子文律師　元禾法律事務所　臺北市羅斯福路三段37號15樓

臺灣地區總經銷　中彰投以北(含宜花東)　楨彥有限公司
　　　　　　電話：(02)8919-3369　傳真：(02)8914-5524
　　　　　　地址：新北市新店區寶興路45巷6弄7號5樓
　　　　　　物流中心：新北市新店區寶興路45巷6弄12號1樓
　　　　　　雲嘉以南　威信圖書有限公司
　　　　　　(嘉義公司)電話：(05)233-3852　傳真：(05)233-3863
　　　　　　(高雄公司)電話：(07)373-0079　傳真：(07)373-0087

馬 新 地 區 經 銷　城邦(馬新)出版集團　Cite(M) Sdn.Bhd.(458372U)
　　　　　　電話：(603)9057-8822　傳真：(603)9057-6622

香港地區總經銷　城邦(香港)出版集團　Cite(H.K.)Publishing Group Limited
　　　　　　電話：2508-6231　傳真：2578-9337
　　　　　　E-mail：hkcite@biznetvigator.com

版　　　次　2022年9月1版1刷　Printed in Taiwan
I　S　B　N　978-626-338-357-9

國家圖書館出版品預行編目（CIP）資料

母親在我心裡扎下的刺／夏天 Summer著；陳品
芳譯. -- 1版. -- 臺北市：城邦文化事業股份有限
公司尖端出版：英屬蓋曼群島商家庭傳媒股份有
限公司發行, 2022.09
　　面；　公分
ISBN 978-626-338-357-9(平裝)

1.CST: 女性心理學 2.CST: 親子關係
3.CST: 自戀

173.31　　　　　　　　　　　111011232

母親在我心裡扎下的刺

作者　夏天 Summer

譯者　陳品芳

YouTube頻道「汽水療癒」（사이다힐링）
訂閱者的推薦詞

這本書成為一把剪刀，剪斷了我人生中那駭人的循環。現在的我，有了能抬頭挺胸對抗世界的勇氣。ID_Claire

我費盡苦心只為了尋找自己是誰，卻總是失敗。不過現在我知道了，我一點也不奇怪。ID_crosso

我發現並不是我不好，只是被「操縱」成認為自己不好。將這本書獻給所有不想再被操縱的人！ID_Helena

我總是在做一些自我毀滅的事情。偶然接觸到這個頻道後，才意識到問題其實並不在我。懂得擁抱自己是多麼重要的一件事！我覺得真實的我真的很棒。ID_Klie

這本書帶領我踏上自我療癒的旅程，這是一本為那些受了傷的人所寫的人生參考書。ID_nareaa

三十多年來壓抑在心中的疑問，有如汽水開瓶之後的二氧化碳一般煙消雲散。強力推薦給因為母親一些令人鬱悶的行為，而痛苦不已的每個人。ID_做夢的早晨

如果能更早閱讀這本書，我的人生一定會更美好……每一次重讀都能帶給我力量。ID_我就是我45

「不是妳的錯」這一句話就夠了。我要放下那些不切實際的期待，好好走在屬於自己的道路上。ID_想活出自我的媽媽

無法將與媽媽相處時所產生的煩惱輕易說出口時，請不要跑得太遠，就讀讀這本書吧！真理能使妳自由！ID_四葉

我在陷入自我厭惡的狀態時接觸到這個頻道，現在我終於能夠為我自己而活。情緒暴力也是一種暴力，現在該是擺脫在以家庭為名的牢籠中所發生的暴力，並擁抱自己與愛自己的時候了。ID_鬆

現在我才終於能夠治癒一直以來內心所受的創傷，並獲得應有的補償。我真的不擅長忍耐。真希望能早點知道這本書，但至少現在我知道它了，十分感激。我想讓更多我所珍惜的人知道這本書。ID_波卡波卡惠珍

無法修復的母女關係終於有了解答，是我的救命恩人！ID_焗烤蝦

看了這本書之後我了解了「自戀型父母」，也終於從痛苦了二十九年的人生中解放。建議每一位罹患憂鬱症且疲憊不堪的家庭暴力倖存者閱讀這本書。ID_願望

YouTube頻道「汽水療癒」（사이다힐링）
訂閱者的推薦詞

雖然我媽總說問題出在做女兒的我身上，但我現在知道其實所有的問題都來自於她。如果妳現在正努力理解媽媽難以捉摸的心，那我推薦妳這本書！ID_喝了夏天的汽水活過來的允

在重視「媽媽力」的如今，這本書相當值得送給每一位因充滿問題的母女關係而煩惱的人。ID_冰麥茶

憂鬱症越來越嚴重的同時，我也不斷責怪自己。在接觸到這本書之後，我感覺自己人生中許多如線團般糾結的疑問終於有了答案。雖然現在才剛開始，但這樣就已經夠了，真的非常感激。ID_李恩靜

要不是這本書，我可能到現在還不知道媽媽的問題在哪，永遠無法擺脫泥淖。ID_Jie

這輩子要是錯過這本書，我或許會含恨九泉無法投胎。真是我生命的恩人。ID_逃脫穿搭

在無止盡的徬徨中遇到這本書，導正了我的人生與人際關係。推薦給每一個正在受傷、痛苦的人。ID_Codihill

對此刻感覺自己正在黑暗迷宮中徘徊的人而言，這本書就像希望的燈塔。ID_快樂模式55

忙著逃避莫名負面情緒的我，在讀完這本書之後遇見了自己的內在小孩，懂得擁抱不完整的自己。我現在決定為了愛自己而踏上新的旅程。ID_洪可可

我本以為是我毀了媽媽的人生，我做的每一件事情都傷害她或讓她丟臉。我曾經痛恨自己，也不斷為了媽媽而鞭策自己。就在我到達極限的那一刻，這本偶然接觸到的書竟拯救了我。我感覺自己許久沒有活得這麼像個人！ID_呼呼

「我的人生究竟哪裡出了問題？為何越認真生活就越扭曲？」正當我不斷對人生產生疑問時，偶然遇見了這本書。我想著：「啊哈！我需要的就是這個！」學會如何保護自己不受心理上的攻擊後，我的人生變得更加平靜了。我想推薦和我有相同處境的人來接受這本書的幫助。ID_療癒時間

◆

我一直在當媽媽的媽媽

　　媽媽是這個世界上最讓我痛苦的人，但我同時也覺得自己需要為她的人生負起莫大的責任，這令我產生無比的罪惡感。媽媽高壓的態度與冷酷的指責使我罹患憂鬱症，更有過自殺的衝動，不過我很努力想理解她的行為。我認為她的人生比別人更波折，也因此我必須孤軍奮鬥以填補她的空虛。

　　「我的同事們好像都在用那個叫什麼歐舒丹的護手霜。」曾經，我因為媽媽這樣隨口一句有些羨慕的話，便特別買了歐舒丹的護手霜給她，想著如果她在工作時能擦上歐舒丹的護手霜，或許可以稍微減輕她的自卑感。而我自己用的則是從便利商店買來、一條只要三十元的護手霜。

填不滿的無底洞

但媽媽就像我的債主，不斷向我索取我的時間、能量與金錢，無論如何填補，她的要求都沒有盡頭。她會因為生日時我帶她去餐廳而感到開心，卻又會在隔天抱怨我說：「爸媽生日時，妳從來不會煮海帶湯[1]或弄一桌菜給我們吃。」如今回想起來，媽媽就像隻十分渴望愛、關注、認同與金錢的鬣狗。

就像童話中的荳兒，無論如何努力徹夜挑水，仍無法裝滿底部破損的水缸，我耗盡了我的青春與人生卻仍然無法滿足媽媽。即使學習了「表達自我的方法」，並嘗試開誠布公地與媽媽對話、用盡所有的真心去安慰媽媽的缺失與曾經受過的傷……我與媽媽之間的關係仍像車輪一般原地打轉。

因為媽媽而痛苦的人都過來吧！快來！

在我自己開始生養小孩之後，我意識到問題其實是在媽媽身上。當時我在陌生的國度坐月子，在沒有月嫂的幫助下自己一個人摸索，照顧一個成天都在要求我把注意力放

1　韓國人在生日時有喝海帶湯的習俗。

在他身上的嬰兒。在此過程中，我突然意識到——自己就像在照顧小孩一般地花費了一輩子的時間去照顧媽媽。過去三十年來，媽媽就像仍嗷嗷待哺的嬰兒，我必須隨時觀察她是否不開心，思考該為她做些什麼才能讓她幸福，或是該買些什麼東西給她才能讓她高興……我總是努力地滿足她的需求。

我不斷思考著究竟我們之間的問題為何，並在偶然間找到「自戀型」（自戀型人格）父母的資料。許多書籍、影片與論文都在談論自戀型父母與子女的關係，而我也在那之中漸漸看見我人生的真相。

我趁著孩子睡午覺時學習有關自戀型虐待的相關知識，當孩子睡著後，我便會在客廳靜靜地用手機把這段時間學的理論與我的經驗錄下，並將影片上傳到YouTube頻道。

一開始的動機很單純——我只是想傾吐我壓抑三十年的心情、對媽媽的憤怒、罪惡感、怨恨與責任感。就像在無人的樹林裡，大喊著「國王有對驢耳朵」的帽子工匠。

我的影片沒有剪接，也沒有特別設計的圖片，但許多跟我一樣與家人有許多衝突的人，都開始慢慢聚集到這個頻道。他們這輩子都很努力理解、擁抱並照顧重要的家人，卻飽受憂鬱症、不安與自尊感低落所苦。每當我談論自戀

型虐待的手法，他們都會驚訝地表示：「世界上是不是有一所自戀學校，讓這些人在那裡學習要用什麼方式來操縱及虐待別人？」那些在大家心中一直無法被他人理解的痛苦，終於在這裡獲得共鳴。

不是我們的錯

拿起這本書的各位，我比任何人都了解你們的心情。即便長大成人，各位的內心仍有著無盡的憤怒與恐懼。身為一位鞭策自己直到身心俱疲，且最終倒地不起的女兒、姊姊、妻子、母親⋯⋯為了完美達成每一個被賦予的任務，我們忙碌地活到現在。我們的生活不容許有任何一絲的空隙，且始終籠罩在不安之中。

這本書不會用「壞媽媽」或「執著的媽媽」等委婉的說法，也不會嘗試將媽媽因為自身是女兒而受到差別待遇的成長環境、殘酷的婆家生活、令人厭倦的貧窮或漫不經心的老公當成藉口，來正當化媽媽的所有行為。我更不會要求各位將媽媽當成一個女人來看，要大家別再埋怨媽媽、邁向未來，或建議大家盡快與媽媽和解。

我們的媽媽是罹患人格障礙的虐待者（自戀型），她們是自我中心、壓榨他人的虐待者，她們是將自己的孩子當

成情緒垃圾桶或能量的供給來源來使用，並且必須不斷竊取他人的自尊才能活下去的人。

我媽媽沒有這麼誇張

寫到這裡，應該有部分讀者會不太愉快地想著：

「妳怎麼隨便推測妳媽媽有人格障礙？雖然我也因為媽媽而感到很痛苦……但說這樣的媽媽是虐待者，我覺得不太對。」

會有這樣的反應是正常的事。我因為與媽媽之間的關係而痛苦時，身邊偶爾也會有人在安慰我時提出這樣的建議：

「這些極端的想法對妳也沒幫助，我媽也讓我有點痛苦，不過後來看到她很疼我兒子的樣子，就根本想不起她以前是怎麼折磨我的。妳現在也是個媽媽了，怎麼還像個不懂事的孩子那樣埋怨妳媽媽呢？忘記這些事，原諒她吧！」

就連我的心理諮商師都曾要我別嘗試去分析媽媽的行為與發言，而該去理解她成長的時代並學習放下這一切。

其實，曾經被自戀型人格障礙者虐待的人，多數都會拒絕接受自己所重視的人是自戀型人格障礙者。有時候，就

連來找我傾訴自己的遭遇與困難的朋友也會有這種傾向。
在經過好幾個小時（有時甚至是好幾十個小時的對談）之
後，我總會小心翼翼地建議對方：「無論如何擁抱對方、
理解對方，你重視的那些人的思考方式還是跟我們完全不
同。」但我的努力大多沒有什麼效果。將他們與所愛之人
的關係定義為受害者與虐待者，會令他們感到憤怒，並進
而侮辱我或是攻擊我。他們大多都會回到自己的自戀型人
格障礙者身邊，重複著過去的相處模式。他們拒絕且抗拒
真相，幻想著自己身邊的自戀型人格障礙者，總有一天會
了解自己的犧牲與奉獻，並用愛來回報自己。

現在就鼓起勇氣，面對真相吧！

周遭的親友始終建議我原諒、和解並懂得感激自己獲得
的一切，但在自戀型人格障礙者的虐待情況之下，這些一
般的努力完全沒有任何幫助。痛苦的我，與認為必須原諒
的我之間仍不斷產生衝突，有數不清個夜晚，我都哭到夜
不成眠。

或許我們既忠於自己，同時又被社會與文化的枷鎖所束
縛。就像馬戲團所豢養的小象，在長大後即使只用一具小
小的鐵環銬住牠的後腿，牠也絲毫沒有逃跑的想法。我們

實在無法想像生養自己的父母竟是虐待自己的人,「必須感激父母的恩惠、一輩子盡孝道」的社會枷鎖不僅無法斬斷,更令人畏懼。即便我們已經有了足夠的經濟能力可以擺脫虐待者,也在結婚之後組織了新的家庭,但這些枷鎖仍使我們無法逃離虐待自己的父母。

當然,原諒與和解都是必要且值得一試的建議,但在那之前還必須經歷其他階段,那就是面對現實。我們必須正視綑綁著自己腳踝的枷鎖,即便難過、痛苦,仍必須了解此刻加諸在我們身上的枷鎖究竟為何。面對真相對任何人而言都是非常不舒服的事,但只要鼓起勇氣就絕對可以辦到。

你不是一個人

各位身邊有很多在擔心你們的人。讓我們一起離開虐待者,並接受這些重要的人的支持,展開一段漫長、辛苦卻有意義的旅程吧!即便感覺身邊沒有人陪伴也不需太過擔心,也可以定期與專業的心理諮商師會面,在安全的空間裡練習表達自己的情緒,並獲得情緒上的支持。

我非常想了解,各位是在何等絕望與悲傷中接觸到這本書,基於這樣的心情而寫了這本書。我很明白各位都是溫

暖且具有同理心的人，並持續為了照顧自己的家人而努力與學習著。真誠且單純的各位，對我及社會而言，都是如福星一般的存在。

　　本書不僅收錄了我個人的經驗，更有許多客觀的理論和實際的例子。這些具體且真實的故事，肯定能讓各位鬱悶的心情像剛開瓶的汽水一樣「啵」一聲地暢快無比。現在，就讓我們正式踏上治癒的旅程。

為一直以來孤軍奮戰的各位
帶來安慰並提供支持的

夏天 敬上

📍本書中所有案例的主角姓名均為假名。

"She will be Okay"

即使沒有妳，媽媽也不會有事。
別擔心，出發去尋找妳的幸福吧！

第一章

無法愛女兒的媽媽

媽媽是虐待者

　　我升上小學二年級的那一年，父母開始每晚吵架。吵架的原因通常是因為爸爸不負責任的行為，使得我們家背債、經濟陷入困難。他跟媽媽當初是談辦公室戀情，那份工作爸爸做了三年，但是除了這份工作，爸爸無論去哪一間公司都撐不過一年。他平日會因為喝酒而晚歸，週末則會睡到很晚，對家庭毫不照顧。

　　其實如果他只是一直這樣，我反倒很感激他。從我升上小學二年級開始，他就像隻脫韁的野馬，連續闖了好幾個大禍——他不僅將我們住的房子拿去抵押貸款，最後還因為還不出錢而導致房子被借貸業者搶走，使得我們一家人流落街頭。

每當爸爸深夜回家時，媽媽就會問他：「你跑去哪裡喝酒？喝到現在才回來！」並搭配一連串熟悉的責備：「現在要怎麼辦？怎麼能讓我們一家人這樣流落街頭？」

「……」

「你今年都沒拿生活費回來，三餐不繼就算了，至少要有地方住吧！」

「……」

媽媽炮火猛烈地一句接著一句，爸爸卻總是沒有任何回應，只是靜靜地梳洗，並自顧自地躺上床睡覺。而媽媽也總會因為無法平息的怒火而離開房間，到廚房打開水龍頭，然後我們就會聽見她「嗚——嗚——」的哭聲。媽媽說她是為了不讓人聽見她的哭聲，所以才刻意把水龍頭打開，不過她的哭喊其實非常大聲，水流聲根本蓋不過去。

有一次媽媽怒不可遏地奪門而出——大聲哭喊的她一消失，四周便突然安靜下來。然而爸爸卻絲毫不在乎媽媽跑去哪裡，立刻便打著呼睡著了。

我聽著爸爸的打呼聲，蜷縮著坐在門外，痴痴地等著媽媽回家。大約過了兩小時還是三小時，才終於看見媽媽爬上樓梯的身影。媽媽用比剛才冷靜許多的聲音，對我說「回家吧」，然後跟我一起進房間躺下。

當時的房間就算只躺兩個人都顯得太過擁擠。堅持在外頭等媽媽直到深夜的我,其實希望能夠聽到「女兒啊,謝謝妳」,或是「至少還有妳」之類的話,但媽媽一躺下來便立刻吐出一連串的抱怨與憤慨。

「我漫無目的地在路上走,車子從我的身旁呼嘯而過。如果我跳到馬路中間,應該就能夠一了百了!」

媽媽竟然想要死?我被令人窒息的恐懼席捲,但幸好她還是回到家陪在我的身邊!

「夏天,妳不要擔心,妳沒有媽媽也能過得很好,但是妳弟弟必須要有媽媽。我是因為妳弟弟,才壓抑想死的心情回到這個家來。」

雖然我想說我也需要媽媽,但我忍住了。我很害怕如果連我也讓媽媽難過,那我可能真的會失去她。我一言不發,一邊聽著媽媽的抱怨,然後在不知不覺間睡著了。

在那之後,媽媽便經常在我面前提到死亡。有一天,她在安置好我跟弟弟之後,就說她現在要去死,還引發了一場騷動──我跟弟弟哭著要她別死,但她卻生氣地對我們說:「我死了之後,你們就能有新的年輕媽媽,過著幸福快樂的生活,幹嘛哭?」她先是鄙視我跟弟弟的眼淚,接著又威脅說她要去死……但她並沒有真的去死,而是像這

樣折磨了我跟弟弟好幾個小時。

除了抱怨想死之外，她還會用別的事情折磨我。直到小學畢業之前，她都會不時對我說：

「沒有人說父母生了小孩就一定要負責任，父母也能夠拋棄小孩，所以妳要感激我願意養妳！」

小學時，我經常會在美術比賽或作文大賽上得獎，每次得獎就能看出媽媽非常開心。害怕被媽媽拋棄的我，總認為拿獎能夠讓她開心，因為我必須要讓她覺得養我是值得的。

我對媽媽抱持著過度的罪惡感與責任感，我總認為她是時代的犧牲品，不聽她的話就是大大背叛了她的犧牲。就算沒有任何零用錢（朋友買麵包吃時，我只能在一旁乾瞪眼，而我也沒辦法買其他顏色的原子筆，只能用黑色的筆寫字），我也一直忍著沒有抱怨。

與此同時，我的心裡卻充滿著對媽媽的憤怒與鬱悶，而這股憤怒的感受在我結婚之後變本加厲。我因此必須推遲懷孕的計畫，並花費兩年的時間持續治療我的創傷，嘗試清空我內心的憤怒。我也開始接受心理諮商、讀書與運動，以嘗試說出負面的情緒。不過無論如何挖掘，我心中對媽媽的罪惡感與責任感依然難解地糾纏在一起，我感覺

自己面對的是一個打不開的死結。

　　接著我偶然在網路上發現與自戀型人格障礙父母有關的內容。「自戀型是什麼?」我在好奇心底下開始大量尋找資料,結果令我大受衝擊。就好像有人把我媽媽說過的話錄音似的,她過去的那些發言跟自戀型父母會對子女說的話一模一樣。

　　根據許多心理諮商師與心理學家的研究,我媽媽是典型的自戀型父母,而她與我的關係也是典型的自戀型母親與女兒的相處模式。「沒錯,就是這個!」我花了三十年尋找答案,終於解開了一輩子的疑問。

媽媽的詛咒

在自戀型父母的扶養下長大的這件事，可怕到令一般人難以想像。自戀型人格障礙者深信自己十分完美，他們缺乏對他人的同理能力與利他心，即便對方是自己的子女，也無法使他們放棄自己想要的東西。也因為他們相信自己完美無缺，使他們甚至沒意識到自己正在虐待子女。

自戀型媽媽容易批判與忽視女兒，也會刻意與女兒保持距離。然而對孩子而言，媽媽是絕對不容取代的存在，畢竟在孩子出生之後，首先締結親密關係的對象就是媽媽。

女兒無論如何努力，都無法修復與自戀型媽媽之間的關係，而這會使女兒將一切的問題原因歸咎於自己。女兒會將媽媽辛辣的批評、無法控制的情緒與冷酷的眼神，全都歸咎於自己——這一切「都是因為我是個壞孩子」，或是「因為我是個不討人喜愛的孩子」。

無法被理解的女兒

社會極少對母親的愛提出任何質疑，就如同韓國歌曲〈母親的心〉也以「忘記生育的所有痛苦／忘記養育孩子日夜操煩的心／養育孩子辛苦到手腳磨破了皮／天底下有什麼比這更寬厚／沒有什麼能比擬母親的犧牲」這樣的歌詞，描述母親的犧牲、用心與付出的愛，表達母親會對每一個生命付出毫無保留的愛。

若是在一般媽媽扶養下長大的孩子，絕對無法理解有個自戀型媽媽的女兒的心。當女兒說「媽媽根本不愛我」，大家都會偏袒媽媽；當女兒對親戚或朋友訴說媽媽給的傷害，大家會說「父母都會犯錯」；當女兒求助於宗教團體，他們則會要說「唯有原諒才能復原」。

也因此，女兒容易感到混亂與衝突，認為：「是自己太敏感且不懂得感恩嗎？自己是個忘恩負義的人嗎？」媽媽生養自己是事實，因此似乎不該隨意稱媽媽為虐待者。

心裡總有2%不踏實的女兒

　　自戀型媽媽的女兒總會認為自己有問題，她們經常自尊感低落且沒自信，就算從社會層面客觀地看，她們是成功的，但她們仍會感到不安並感覺自己不夠好。她們可能會不斷閱讀以提升自我、接受心理諮商、參與能夠鞭策自己的演講、每天早上鼓勵自己或每天晚上寫下當天感激的事……但不知為何，就是無法填補心中的那份空缺。

　　我也是無論如何努力，都無法確信「自己還不錯、是個值得被愛的好人」的人。我總用一把非常嚴苛且殘酷的尺衡量自己，並且總是只看見自己的缺失。每當看見稍微比我好的人，就會像邯鄲學步那般急著想追上去，絲毫沒有察覺自己的醜態——我應該要再瘦一點、英文應該要更好一點、應該要考上更好的大學、應該要有更好的工作，應該要更成熟、應該要有信仰……如此才能成為更好的人。

　　「為什麼每次跟媽媽說話總會讓我心情不好？」「為什麼我一天到晚遇到怪人？」「為什麼我的個性這麼差，沒辦法當個隨和的人？」

　　女兒無論如何自省都永遠無法解決問題，因為問題的癥結點不在女兒身上，而是在媽媽身上。

我媽媽是虐待者嗎？

自戀型人格障礙（Narcissistic Personality Disorder，簡稱NPD）是一種過於喜愛自己的人格障礙，在本書中將簡稱為自戀者（Narcissist）。自戀型人格障礙可以依照DSM-5的診斷標準，由專業醫師進行正式診斷，本書最後的附錄也有相關的標準可以參考。根據一項研究，地球上約有百分之六的人屬於自戀型人格障礙*。

我與各位都不是專家，因此無法診斷我們的媽媽。但是透過以下的檢驗表格，可以客觀地檢視我們所認識的媽媽，並進而確認問題。閱讀以下的內容並數數看自己打了幾個勾吧！這個結果能讓你知道，你是否獲得媽媽足夠的愛。

□ 我覺得自己不像是媽媽的子女，更像是配偶或父母。

□ 每次與媽媽保持距離時，我都會產生罪惡感。

□ 我相信愛是無法憑空獲得的東西，我必須要努力成為一個值得被愛的人。

□ 媽媽總像債主般地要求我。

□ 為了決定一件事情，我必須不斷尋求媽媽或其他人的同意
　／確認。

□ 我很害怕自己成為跟媽媽一樣的家長，或是生下跟自己一
　樣的子女。

□ 我很難直接表達出我的想法跟我的情緒。

□ 我會刻意隱瞞一些事，因為擔心會被媽媽抓小辮子或因此
　遭受攻擊。

□ 我希望能盡快離家獨立。

□ 比起自己的想法與需求，我更會以媽媽的想法與需求為優
　先。

　　上述項目中的情緒或想法，都是來自於媽媽給的傷，長
期觀看我的頻道的會員們大多是滿分或接近滿分。然而，
即使分數很高也不需要絕望，因為從現在開始，我們可以
透過這本書了解主要養育我們的媽媽是什麼樣的人，並回
顧自己過去的經驗，找出自己真正的樣子。

想帶媽媽去找專家

如果醫生曾明確地說：「您的母親有這些問題，因此您所經歷的問題是因為您母親的思考方式有別於一般人。需要接受治療的人是母親，女兒其實沒有問題。」那麼我們的心情該會有多輕鬆呢？

然而，擁有自戀型媽媽的我們很清楚，媽媽絕對不會去醫院或諮商中心。自戀型人格障礙是種相信自己非常完美的人格障礙，因此不可能自覺有問題而去求助專家。如果各位向媽媽提議去醫院或心理諮商中心求助，媽媽會回答：「需要接受治療的人是妳，妳就去好好接受諮商吧！」

不要改變媽媽，嘗試保護自己

我們不需要嘗試說服媽媽接受專家的協助，我們該做的事，不是尋找並診斷媽媽的問題。當然，虐待者更需要求助專家並接受診斷與協助，藉此做出改變，但由於虐待者總慣性逃避自己的問題，因此被害者必須為他們逃避的代

價負責。

　　我們要找的不是協助媽媽的人，而是能夠協助自己的醫生或諮商師，並回顧過去所受的傷——透過學習媽媽如何操縱、控制自己，找出保護自己並不再受其擺布的方式；仔細觀察虐待者的負面訊息對自己的人生帶來何種影響，並仔細觀察自己是否始終在原地徘徊，無法離開虐待者。

　　過去用於改變或說服媽媽的能量，現在開始應該用來關照自己。我們已經投注了許多能量並做了足夠的努力，現在讓我們尋找自己真正的價值，認知到自己是多麼了不起、多麼珍貴且多麼值得被愛的人吧！比起遵從媽媽所灌輸的價值觀，我們更應該培養力量，關注自己的世界，活出屬於自己的全新人生！這是身為一般人，同時也是被害者的我們唯一能做的事情，光是這樣就夠了。

奇怪的人是媽媽

　　自戀（Narcissism）源自於希臘神話中的人物納西瑟斯（Narcissus）──在希臘神話中，帥氣的青年納西瑟斯，因為看見湖水中美貌的自己而愛上自己。現今，自戀通常被用來形容一種過度關愛自己的態度。

　　但我們不能誤以為自戀型人格只是一群有虛榮心、不成熟的人們過度關愛自己的現象。儘管他們看起來是種充滿自信的迷人存在，但他們的內在其實充滿了自我厭惡、不安與對自己的懷疑，而為了遠離這些內在的負面情緒，他們會不斷尋求外在的認同、讚美與關注。

自戀型媽媽認為自己是重要且完美的存在，她們追求的不是女兒的安定生活與幸福，而是將自己的需求、自尊、自我與安慰擺在第一位。自戀型媽媽的女兒不僅無法獲得母親的愛，甚至無法培養出自尊與內在的任何價值。

我媽媽位在自戀光譜上的哪個區塊？

| 健康的自愛 | 自我中心 | 自戀 | 有害的自戀 |

自戀光譜

　　我們每個人都分屬於自戀光譜的不同區塊；其實每個人都認為自己最重要，因此想將負面的東西轉嫁到他人身上，只不過有程度上的差異而已。越接近光譜右端的人越容易傷害周圍的人，由於自戀者較缺乏自省的能力，因此時間越久，他們就會越往光譜的右端移動。

健康的自愛

　　屬於此區塊的人，懂得愛自己、認為自己很棒，同時也懂得尊

重他人。

自我中心

雖然不到人格障礙，但想法與判斷卻非常自我；儘管較少危害
他人，卻像個滿腦只有自己的小孩一般不成熟。他們會想獲得
他人的關心，且非常虛榮。

自戀

已經到了極有可能被醫師診斷為自戀型人格障礙的程度。他們
缺乏同理能力，只能在特定的條件下付出愛；他們認為自己比
他人優越，必須獲得特殊的待遇；他們認為自己的情緒代表現
實的一切，所有事情非黑即白，行為總是非常極端且情緒化。

有害的自戀 *

就連有條件的愛都做不到的自戀者。除了自戀之外，還會併發
反社會人格、偏執型人格障礙與施虐型人格障礙等多種症狀。
很難區分其與精神病患之間的差異，他們會帶給他人極大的痛
苦與困惑。在傷害他人的同時，他們也會為了確認自己的影響
力，進而享受折磨他人的快感。

只有專業的醫生能夠診斷一個人是否為自戀型人格障礙，我們無法因為身邊的人有幾項自戀特徵，就判斷對方是自戀型人格障礙。但有些人即使沒有被診斷出人格障礙，也經常處於人格障礙的邊緣而傷害周遭的人。本書將那些做出令女兒崩潰的行為的媽媽稱為「自戀型媽媽」。

我媽媽似乎不是自戀型人格障礙，而是其他人格障礙

　　並非只有罹患自戀型人格障礙的人才會自私、自我中心、希望單方面不停獲得或不停吹捧自己。除了自戀型人格障礙之外，符合邊緣型人格障礙、反社會型人格障礙（反社會人格）標準的人，及酒精中毒與毒品成癮者，同樣也有「病態的自戀」（Pathological Narcissism）特質。

　　這些類型的人雖都有不同的人格障礙或問題，卻也同時擁有自戀型人格障礙的主要性格、想法以及待人處事的方式。他們與他人之間通常會建立起榨取型的人際關係，他們只會將自己所獲得的極小部分回饋給他人。當他們從自己獲得的報酬或透過特定行為，感覺到自己有價值、自己是個重要的人或得到他人的感謝時，才會對他人有所共鳴

或產生反應。

　　病態的自戀者內心藏著深深的羞恥、孤單與空虛等負面情緒，而這些情緒會轉化成對他人的批評，即使接受治療也不太會有顯著的療效。（但若是酒精或毒品成癮，通常能在戒掉成癮症後恢復原來的個性。）

有自戀型人格障礙的似乎不是媽媽，而是我

　　我的YouTube頻道「汽水療癒」的訂閱者們，最常發表的留言就是：「我好像有自戀型人格障礙。」每當看到自戀型人格障礙者的特徵時，大家都會覺得是在說自己。但其實，會擔心自己有什麼問題，或是私下經常煩惱自己可能有人格障礙的人，有很大的機率並非自戀型人格障礙者。因為自戀型人格障礙者甚少認為自己不好，也不可能對於自身的完美提出懷疑。女兒們常認為自己才是自戀者，通常有兩個原因：

第一，是因為自戀者顛倒是非的策略。自戀者會將自己的錯誤或責任轉嫁他人，例如極自私、對他人吝嗇或唯我獨尊的自戀型，便會將這些特質轉嫁至女兒身上。也因此，反覆聽到媽媽責備自己「怎麼這麼自私？都只想到自己嗎？真是有夠小氣」的女兒，會相信自己自私又吝嗇，並因而相信自己為自戀型人格障礙者。

第二，加害者從外表上看起來更像被害者，而被害者則看起來像加害者。冤枉的被害者會將媽媽所說的惡言與所做的暴力行為，帶到學校去施加在同儕身上。由於被害者不曾從父母或配偶方獲得認同、關心、愛與共鳴，長期受到貶低、批評與情感操縱（參考第三章），因此自尊心非常低落。他們會不斷想起過往的痛苦或創傷，無法排解情緒，進而使他們無法控制憤怒。

我也一樣。我一直到小學低年級都是被班導師討厭的學生，我總被老師罵，卻不明白自己為何被罵，不明白為什麼大家一起在學校玩耍，卻總是只有我被罵及被討厭。小學二年級的暑期結業式通知單上，老師寫著我「經常和朋友起衝突」，我也對此感到疑惑，因為我從來不曾跟朋友吵過架。

年幼的我只是依照平時的方式行動，但問題就出在我所認為的「平時」。由於我的行為標準認知來自於媽媽，因此我會在「生氣」時跺腳、大叫、作勢打人或耍脾氣三十分鐘到一小時，直到氣消為止；在「心情普通」的時候，我會用有點帶刺的語氣和輕蔑的眼神，表達出無情且具攻擊性的態度。因此，儘管我從未真正與朋友爭吵或打架，我的那些行為在老師的眼裡，依舊是很兇、狂妄、吵鬧與愛爭吵的樣子。

永遠無法滿足的媽媽

　　許多人在意識到自己的媽媽有自戀型人格之後，都會發出「啊哈！」的驚呼並感到心情舒暢，感覺這輩子所背負的問題，終於找到根本的原因——原來問題在於媽媽的人格障礙，因為她的思考方式與我不同，所以才會產生這種衝突！不是因為我不夠好，或是因為我太自私而產生問題。

　　然而，這種領悟只是治癒旅程的開端，我們必須了解自戀型媽媽如何使女兒混亂、隱藏真相並傷害女兒。首先，必須仔細檢視自戀型媽媽如何對待女兒。

女兒是使媽媽更耀眼的獎盃

由於自戀型媽媽想讓其他人知道自己有多成功、多聰明、多受歡迎且幽默，因此子女便成為證明她們有多完美且優越的工具或裝飾品，就像是獎狀或獎牌。

相反地，一旦子女失誤或犯錯便會突顯媽媽的缺失，因此自戀型媽媽會嚴格控制子女的舉手投足——子女必須穿指定的衣服、培養指定的興趣、留指定的髮型、從事指定的職業或與指定類型的男人交往等等。這並非出於關心，而是擔心他人會如何透過孩子看待自己，子女的幸福或情緒並非自戀型媽媽考慮的首要項目。

自戀型媽媽會過度執著於子女身上的具體條件，例如學經歷與頭銜等等。當女兒失敗或遭遇挫折時，自戀型媽媽不會安慰或打氣，而會因其失敗使自己丟臉而感到憤怒，並進而埋怨女兒，或對女兒施加言語暴力。

假設女兒同時獲得兩份工作機會，一份是在大企業中做簡單工作的約聘職缺，另一份則是在小公司裡擔任負責重要業務的正職——當女兒因為考慮到未來與工作的成就感，而選擇進入小公司時，結果會如何呢？自戀型媽媽會誓死反對，並建議女兒無論如何一定要進大企業。「反正

只要跟別人說妳在那個企業上班就好啦！誰會知道妳是正職還是約聘？工作內容又是什麼？」

女兒是媽媽的情緒垃圾桶

自戀型媽媽經常戴著面具生活。她們在外可能是非常照顧娘家的長女、大方參與社區活動的志工……她們會戴著有魅力且有能力的女性面具，但一回到家中，她們就會將面具摘下來。一關上玄關大門、徹底隔絕外界的視線後，她們就會性情大變，將所有的憤怒發洩在家人身上。

自戀者的內心充滿創傷、自我厭惡、憤怒與壓力，他們必須不斷將心中的負面情緒丟給別人。由於自戀型媽媽是完美的存在，以致她們在遭遇負面情緒或困難時，並不會認為是自己的問題。對自戀型媽媽而言，最唾手可得的「情緒垃圾桶」，就是無法擺脫她們影響力的無力子女。

自戀型媽媽丟給女兒的負面訊息，通常都是跟自己有關的事。在得知老公與別的女人外遇後，自戀型媽媽會對還是青少年的女兒說：「妳穿這衣服就像是在外面勾引男人的女人一樣，有夠低俗！」她們會瘋狂地對女兒發洩心中的憤怒。

　　有些自戀型媽媽也會在生病時埋怨女兒，像是：「我為了生妳才患有陰道炎，一直到現在都還在受苦！」「妳小時候我整晚揹著妳沒睡，把我的腰都搞壞了！」女兒因此容易受可怕的罪惡感所困擾。

必須貶低女兒的媽媽

　　自戀型媽媽相信自己比其他人聰明、有能力且有用，她們認為自己要成為比他人更出色的人有兩個方法——第一，是炫耀自己比其他人更優越。第二，是貶低與批評他人有多令人失望。

　　如果貶低身邊的人能讓自己高人一等，那還有比這更容易的方法嗎？也因此，自戀型媽媽才會不斷批評並貶低女兒。

自戀型媽媽吝於說出一些激勵士氣或充滿愛意的話，她們的能量集中在較為負面的地方，因此會拚了命地尋找子女的缺點。與子女實際犯下的錯誤相比，子女受到的批評通常更辛辣。有時自戀型媽媽會將一切講得好像真的，並以假裝客觀、給予建議的方式不斷貶低子女。

當然自戀型媽媽也會稱讚子女，但她們會在稱讚的同時巧妙地貶低對方。例如當女兒為媽媽煮了一碗刀削麵，自戀型媽媽會先說麵很好吃，並接著說：「也是啦！但看看這裡面的鯷魚、昆布、香菇、大蔥、紅蘿蔔……加了這麼多食材進去，會不好吃才奇怪！」也可能會雞蛋裡挑骨頭地說：「海苔粉要這樣做才對啊！」再不然就是在吃完之後說：「吃了妳做的食物之後，感覺有點消化不良呢！」

所有的成就都歸功於媽媽，所有的失敗都歸咎於女兒

自戀型媽媽非常渴望獲得認同，她們會不斷強調自己曾多麼有智慧地應對某些情況，或為了家人做出了多大的犧牲。而一輩子都在聽這些論述的女兒，會認為媽媽是很聰明的人，且為了全家人吃盡苦頭，也因此自然覺得自己對媽媽的犧牲有所虧欠。

自戀型媽媽會將女兒的成就歸功於自己。例如女兒原本準備當歌手，後來卻轉而考上公務員，但儘管考上公務員是女兒認真念書換來的成果，媽媽卻會說：「她在那邊做夢說要當歌手時，都是我這個媽媽好好開導她，她才能得到這個鐵飯碗。」她們會剝奪女兒獲得成就與產生自信的機會，相反地，所有失誤和失敗則都是女兒的問題。在不斷遭受批評之下，女兒自然會陷入「我果然很失敗」的想法之中。

無論女兒能否成功達成理想中的目標，女兒的自尊都只會不斷遭到貶低。女兒和媽媽不一樣，無論在什麼情況下都會是失敗的角色。而這類負面的訊息，會一輩子在女兒的心中累積，並在長大成人之後持續對其人生帶來影響。

比女兒更想獲得關注的媽媽

自戀者必須永遠是話題的中心。在家裡像個暴君的媽媽，會在外戴上迷人與好相處的面具演戲。當有人對她們的子女提問，她們會跳出來代替子女回答，並把子女排除在對話之外。為什麼？因為她們認為大家該關心的不是子女，而是「自己」。

自戀型媽媽會預防女兒比自己更耀眼，無論從衣著或髮型來看，都能看出她們的行事特徵。我小時候總是很羨慕幼稚園裡綁著雙馬尾、繫著可愛緞帶的同學，因為我的髮型通常沒有瀏海，而且總是以老舊的麻花造型髮帶隨便將頭髮綁起來就到學校去了。由於媽媽覺得每天早上幫我綁頭髮很麻煩，因此整個小學時期，我都留著耳下一公分的短髮，我當時經常因為髮型而感到自卑。

即使女兒長大後也不例外。自戀型媽媽總會將自己打扮得華麗，並強迫女兒穿得普通。她們可能會說：「妳的腳那麼難看，幹嘛還硬要穿裙子？」「孩子，妳化的妝看起來就像要賣身的女人！」「有長輩在場，要穿得端莊一點啊！」當年進入大學後很想好好打扮一番的我，被媽媽用「衣服只需要一件格子襯衫與一條牛仔褲就夠了」以及

「隱形眼鏡很難保養，戴眼鏡就好」等觀念洗腦超過半年。

無法和女兒產生共鳴的媽媽

年幼的子女偶爾也會感到憂鬱、悲傷與害怕，而一般的父母則會溫柔地抱抱孩子或鼓勵他們，但總以自我為中心的自戀型媽媽會深信是「女兒有問題」。她們不會好奇實際上究竟發生了什麼事，或孩子為何會有這種感受……無論是何種情況，她們都會先怒氣沖沖地說：「妳又闖禍了！」

即便公司提出不當的要求、人格被侮辱，自戀型媽媽也會罵子女「懦弱」，要求子女「咬牙撐過去」，批評說「都是妳不會待人處事」。即使遭到不當對待或遭遇任何委屈，媽媽幾乎不曾對女兒展現同理心，因此女兒在社會上總是畏首畏尾，即便被他人欺負、利用或在需要堅定為自己發聲時，她們總會默默承受、不願出聲。

這樣的女兒在學校與社會中，自然會成為「冤大頭」。無論遭遇何等不當對待都會選擇忍耐，而非與他人訴苦或尋求他人的協助。因為她們從小就學到，不會有人對自己的處境感同身受或伸出援手，她們能做的只有忍耐。

小時候忽視女兒，長大後卻對女兒過度執著的媽媽

自戀型媽媽在子女小時候很容易忽視他們。由於年幼的子女需要他人持續的情緒支持、關心與照顧，因此自戀型媽媽會認為年幼的子女非常煩人。年幼的子女可能會被當成不存在的人、承受輕視的目光，甚至必須忍受憤怒、煩躁、身體或性方面的虐待，只能扮演出氣筒的角色。然而，當子女長大並有能力自力更生之後，自戀型媽媽的態度卻有了一百八十度的大轉變──她們會不斷要求子女滿足自己的情緒需求，像是提議一起去旅行、要求子女買衣服給自己或一起去看電影等等。

一般的父母在子女還小的時候，會充分地與子女交流，並在孩子長大成人後使其獨立，但自戀型媽媽卻正好相反。在子女有經濟能力並進入適婚年齡時，她們會一改以

往的態度，開始要求子女多多關心自己。

　　儘管子女在成長過程中有新的體驗、找到幸福，或尋找屬於自己的人生是理所當然的事，但自戀型媽媽卻不喜歡這樣，她們不希望子女出去外面玩。如果女兒談戀愛，自戀型媽媽也會覺得自己的位置被搶走了，於是開始想盡辦法拆散女兒與其男友；她們可能會刻意讓女兒的男友看見女兒的缺點，也會強迫女兒在男友跟自己之間做抉擇。

　　子女的成長與獨立，對自戀型媽媽而言是心痛到難以承受的事情。

女兒如向日葵般渴求媽媽的愛

　　改善與媽媽之間的關係，是女兒心中最放不下的一件事。女兒相信只要自己再努力一點，就能從媽媽身上感受到溫暖的愛，並像朋友一般相互扶持。她們很希望有一天，能聽到媽媽對自己說「對不起」或「謝謝」，她們會不斷在這樣的希望之中，回應媽媽的需求並等待媽媽的愛。

　　女兒孤軍奮鬥只為了讓媽媽開心，但今天因女兒的行為而開心地露出滿足微笑的媽媽，明天可能又會立刻變臉，甚至可能會痛罵女兒是吝嗇且忘恩負義的存在。女兒終究無法完全滿足自戀型媽媽的需求。

女兒成為媽媽的媽媽

年幼的子女有資格得到成年父母的照顧與愛，但自戀型媽媽的女兒的情況卻完全相反，她們從小就為了讀懂媽媽的情緒和需求而裝上天線，並像媽媽的配偶或媽媽的媽媽一般，不斷照顧並安撫她們。

許多女兒會試圖讀懂媽媽的情緒並做出合適的反應，因為當媽媽需要自己時，自己才能得到愛。在這個過程中，女兒自身的理想會消失，取而代之的是媽媽的需求，她們會單方面地努力體貼媽媽。

女兒感覺不到自己的痛苦

自戀型媽媽的子女不太會表達自己的情緒，因為他們害怕如此會使媽媽不安。而自戀型媽媽也不容許子女表達情緒，她們會以「這又沒什麼，幹嘛大驚小怪」或「就你的問題特別多」等方式回應並忽視子女的情緒。

我過去在家中也會盡可能地壓抑並隱藏自己的情緒，那是我唯一的生存方式。小學一年級的某個週末，我與家人一起搭著租來的巴士到外縣市去參加親戚的結婚典禮，在吵雜的結婚典禮結束後，包括我們一家人在內的所有賓客都準備前往親戚家（由於距離巴士出發還有一段時間，我們需要一個能夠待上幾個小時的場所），但是當時我的父母和弟弟卻丟下我，不知道消失到什麼地方去了。

跟我一起等車的人是我們的遠親，我幾乎不認識；到親戚家後大家都聚在房間聊天，跟自己的子女、姪子女或孫子女們玩。如果我當時有帶本童話書在身上，說不定還不會那麼尷尬……但我沒有能玩的東西也沒有能依靠的人，因此我只好自己在那裡呆坐兩個小時，靜靜地什麼都不做。

現在回想起來，獨自被留在陌生的地方應該會害怕到哭出來才對，但我卻沒有表現任何情緒。後來的事我不太記得，但我應該是帶著若無其事的表情，和後來才出現的爸媽一起搭上巴士回家。如果我哭出來或露出不安的神情，肯定會被媽媽用輕蔑的態度挖苦，因此我不能在媽媽面前展現生氣、悲傷或不安等情緒，我總會很努力地壓抑、忽視且不去感受任何一種情緒。

靈魂的連體嬰 —— 自戀型媽媽與女兒

自戀型媽媽經常感到不安,而無法獲得母愛的女兒,同樣也經常感到不安與空虛,然而,她們卻希望這會是一段永遠不變的關係,並且相互依賴彼此。自戀型媽媽透過照顧女兒而感到踏實與安定,而女兒則因為渴望得到媽媽的認可與需要而難以獨當一面,兩者只能相互依賴。

兩者就像靈魂相連的連體嬰,自戀型媽媽無法區分女兒與自己,認為女兒就是自己的分身,因此只要女兒稍微有一點隱私,她們就會不斷侵犯並嘗試摧毀女兒的隱私——她們非要把寄給女兒的所有信拆開才會善罷甘休,而偷看女兒寫的筆記或日記更是家常便飯。

下班之後跟誰見面、幾點回家或週末為何要外出等等,女兒的舉手投足都必須跟她們報告(有些媽媽甚至會去申請女兒的個人電子認證[2],親自管理女兒賺來的薪水)。

2　韓國的網路身分認證機制。可透過這種機制認證使用者為本人,並進行轉帳或註冊網站申請帳號等行為。

女兒是媽媽的麻煩解決大師

媽媽很孤單嗎？因過去受的傷而痛苦嗎？有誰讓媽媽難過嗎？媽媽沒有得到爸爸足夠的愛嗎？媽媽的健康狀況不好嗎？媽媽受憂鬱症所苦嗎？媽媽有沒能實現的夢想嗎？

自戀型媽媽的女兒總是過度有責任感，會嘗試親自解決媽媽的問題，但這些其實都是媽媽自己的問題，女兒不需要有錯誤的罪惡感或責任感，也不需要努力解決媽媽的問題以獲得認同。女兒們應該把那些時間用在自己的人生上，努力認識自己，並找尋自己的喜好與專長。

我無能為力

自戀型媽媽會過度要求子女的責任感與耐受度——「弟弟要結婚了，我要多幫忙一點。」「要扶養父母，還要還貸款。」「要負責讓爸媽歡度週末時光。」——若妳因為媽媽無止盡的要求而感受到過大的壓力，那麼請妳想想以下內容，試著掌控自己的心。

我無能為力

我家是雙薪家庭，要養三個小孩已經很吃力了，照顧小孩也很繁瑣，沒有能力拿出多餘的錢讓媽媽去她想去的國外旅行、買新的昂貴家電或買一棟新房子。

我是個度量很小的人

我沒有引導媽媽並幫助她改變的耐心，我是個沒有包容力的人。

我沒有責任感

即使媽媽被朋友或親戚疏遠，那也是媽媽的責任。我不需要為媽媽的言語、行為、情緒或選擇負責。

沒有我，媽媽也不會有事

動畫《玩具總動員》裡有許多會動的玩具都渴望孩子獲得幸福，主角胡迪盡了玩具的本分，他在第一集到第三集裡陪伴主人安弟，並在第四集被送到新主人邦妮那裡去，為了守護主人的幸福而孤軍奮戰。玩具們被孩子選擇、保護孩子童心的努力，實在令人感動。

可惜的是，第二位主人邦妮卻對牛仔玩偶胡迪一點興趣也沒有。不過即使自己不被愛，胡迪仍然經常照顧邦妮，並為邦妮的幸福盡心盡力。

一天，胡迪睽違九年與心愛的牧羊女寶貝重逢，最後卻為了照顧邦妮而打算再次與牧羊女寶貝道別。這時，好朋友巴斯光年對胡迪說：「邦妮（沒有你）不會有事的。」得到勇氣的胡迪決定離開邦妮，與牧羊女寶貝一起生活。胡迪最後選擇了自己的愛與幸福，而不是主人邦妮的幸福。

每當女兒稍作改變，媽媽就會用「我辛辛苦苦把妳養大，妳怎麼能這麼自私」的方式，竭盡全力地使女兒產生罪惡感。但其實，女兒也花費了同樣多的時間在照顧媽媽。努力照顧並治癒媽媽的心靈與情緒，已經遠超過身為

女兒所該做的。即使我們無法獲得媽媽情緒上充分的支持與愛護，也仍然長成一位十分出色的社會中堅分子，因此如果妳至今仍背負著過度的責任與罪惡感，那麼我想將巴斯光年說的這句話送妳：

" She will be Okay."

「她不會有事的。」

（別擔心，去尋找妳的幸福吧！）

" To Infinity and Beyond!"

「飛向宇宙，浩瀚無垠！」

（盡情揮灑妳的潛力與可能性吧！）

結束如酷刑般的希望

　　各位在了解媽媽的問題之後，肯定會想跑去對媽媽說：
「妳是自戀型人格！」並期待發生以下的情況。

　　第一種情況——慢慢對媽媽解釋什麼是「自戀型人格」，並告
訴她，她的想法或判斷跟一般人不同，教會她如何愛子女。如
此一來，媽媽至少會意識到自己的觀點跟想法和別人不一樣。

　　錯。如果妳去跟媽媽說她似乎有人格障礙，她十之八九
會回妳：「人格障礙？應該是妳有人格障礙吧？妳不覺得
妳老是在怪別人？妳總在家裡搞破壞。對，果然是妳有問
題。」自戀型人格者會將自己的問題推給對方，而自戀型

媽媽深信所有的問題都源自於女兒。

第二種情況——當妳確信「果然媽媽是加害者，而我才是被害者」之後，會更想獲得媽媽的愛。妳會對媽媽說出讓妳心痛的事件，或直接說出媽媽的某些行為並不像媽媽而是像個女兒，而如果能在過程中獲得媽媽的道歉，那麼妳心上的重擔就會減輕許多。

同樣也是錯。如果妳將過去的事情一一挑出來講，媽媽便會逃避現實地說：「我不記得了，妳怎麼連這種小事都記得一清二楚？唉，也活得太辛苦了吧！」甚至還會認為妳太敏感、小氣或不懂事，也可能會用挖苦的方式向妳行個大禮，並道歉說：「為了妳自己，原諒父母吧。」

第三種情況——要求媽媽一起去找心理諮商師，想著在專家協助的情況下對話應該不錯。專家可以點出媽媽有哪些問題，也能夠幫助妳們恢復關係。

還是錯。如果妳說要跟媽媽一起去諮商，媽媽肯定會斷然拒絕，因為她認為自己沒有任何錯。不過她也可能認為這是個好想法，能讓妳再度恢復成過去那個孤軍奮鬥的善良女兒——她們會在醫師或諮商師面前展現天衣無縫的演技，將所有問題都推到妳身上。

無論妳做任何努力，結果都會以失望告終。唯一的收穫就是再次確認自己真的已經盡力了，但媽媽絕對不可能改變。

媽媽不會改變

許多心理諮商師都斷定自戀型人格障礙者難以治癒，而這也是為何這本書會選擇用「患人格障礙的虐待者」，而非「傷害我的媽媽」或「壞媽媽」等說法的原因。

人若要改變，就必須認知到問題並自我反省，但自戀型媽媽會以「把錯推給他人」的方式保護自己。她們的思考方式和我們截然不同，她們會將所有的錯誤、責任與罪惡感轉嫁給女兒，認為自己沒有任何問題且根本不需要改變。

擺脫能量吸血鬼

我稱自戀型人格障礙者為「能量吸血鬼」，因為他們依靠吸取他人的情緒與能量而活。各位在不知不覺間已經供應了許多能量給自戀型媽媽，從現在起，我們要停止這一切。妳所握有的任何資源，從現在起都要用在自己身上。與媽媽畫清界線，停止消耗自己才是對自己最大的幫助。

我在跟著先生到美國留學之後，曾受嚴重的自殺衝動所苦。我曾經開車行經湖邊，想著要衝進湖裡離開人世，也曾經躺在床上呆望著天花板，看見自己吊在那裡的幻覺。荷爾蒙的變化使我在生理上陷入痛苦，簡直是雪上加霜，我連做簡單的家事都有困難，更沒有餘力處理娘家的事。

我從國小開始便經常在父母之間調停，媽媽與弟弟、爸爸與弟弟之間的衝突，也一直是由我出面解決。我總認為只要家人改變，我們就能變得跟其他平凡的家庭一樣，而我也就能獲得幸福。我懷抱著錯誤的希望，持續與家人對話並填補他們的需求。

但到美國之後，我漸漸無法這麼做了。我再也不需要去調解爸媽之間的衝突，而日常的訊息往來與電話也中斷了。最讓我感到驚訝的是，僅僅是不再投注精力在家人身上而已，我竟逐漸找回生活的動力。那一刻我才終於明白，我這一路究竟投注了多少精力在家人身上。

與媽媽切割

從現在開始，請將手上握有的一切資源，全部用來照顧、治癒與安慰自己。為了盡快恢復，首先應該盡量在情緒與物理距離上都與媽媽分離。假如妳的朋友被她的先生家暴，妳會要朋友繼續忍耐，並繼續待在她先生身邊嗎？

也許會有人希望得到「好，妳不需要再跟媽媽聯絡了，妳不需要再照顧她了」的許可，不過其實妳的人生根本不需要任何人的許可，妳只需要自己下定決心。讓關係維持在符合個人理想的狀態吧！這是屬於妳的權利，任何人的意見都不重要，即便提出意見的人是媽媽。

妳再也不需要用「剛剛在忙，現在才看到訊息」當作藉口，妳不需要將工作結束下班後的私人行程一一向媽媽報告。在情緒上與媽媽切割，再也別被媽媽擺布，也別再努力想說服媽媽或使她改變。

從現在開始，妳要照顧的不是媽媽的情緒，而是自己的情緒；妳要治癒的不是媽媽的痛苦和創傷，而是自己的痛苦與創傷。請跟著我正式踏上治癒的旅程。

終於逮到這傢伙！抓住自尊小偷！

夏天的療癒課題

1

　　妳的媽媽都怎麼形容妳呢？妳或許會認為媽媽的想法是對的。不過從現在開始，妳要對自己說出真相，試著一一修正錯誤，妳的意識、潛意識與內在都會因此變得非常堅強。

　　首先，把從媽媽那裡聽到的謊言都寫下來（就是那些讓妳非常心痛的批評），接著再寫下反駁這些批評的話。

　　「汽水療癒」社團的會員，也分享過他們在自己身上找到的真相：

・我笑的時候，就是個天生樂觀、開朗的人。

- 我很堅強，在艱困的環境與狀況中，仍能毫不猶豫地前進。

- 我在受虐的環境中，仍然為自己的幸福而努力，我很自豪。

- 全心全意努力守護家庭的我非常特別。

- 儘管我經歷許多糟糕透頂的時刻，但能戰勝這一切的我真的以自己為傲。

- 我長成一個還不錯的大人。

- 我有能力活出有智慧的人生。

　　現在試著重新定義自己是個怎樣的人吧！把這些自己給自己的幾項新定義，寫在日記本、手機待機畫面或牆壁上，並試著大聲讀出來。

[範例]	訊息
1. 媽媽的謊言	妳很懦弱。
2. 真相	我是個很堅強的人。
3. 真相的依據	在媽媽的情緒虐待下，我仍然順利完成學業並長成體面的大人。如果我是個懦弱的人，那我早就走偏了。

訊息 1

1. 媽媽的謊言

----

2. 真相

----

3. 真相的依據

訊息 2

1. 媽媽的謊言

----

2. 真相

----

3. 真相的依據

訊息 3

1. 媽媽的謊言

----

2. 真相

----

3. 真相的依據

第二章

荒廢的家庭

必須沉默才能生存的子女

　　安徒生童話《國王的新衣》的開頭，是兩名裁縫師說他們能用「只有善良的人才看得見」的神奇布料製作衣服，並成功吸引了國王去拜訪他們。然而，在國王的命令之下前去查看衣服製作進度的臣子，卻面臨看不見衣服的窘境——如果照實說他們看不見衣服，那麼臣子們就會成為「不善良的人」，於是臣子們只好對國王撒謊，說那是「世上前所未見的美麗服裝」。

　　謊言延續了下去。看見裁縫師們製作的衣服後，國王與臣子們都只能繼續說謊，假裝自己能看見衣服。最終，國王為了炫耀這件衣服而舉辦街頭遊行，而街上圍觀的人們雖然都看不見衣服，卻都無法說出自己看不見衣服的事

實，只能為了不成為「不善良的人」而沉默。

有自戀型父母的家庭正是如此，家庭成員都無法說出「父母在虐待子女」的真相。家庭成員為了保護家庭，只能選擇沉默、逃避真相或隱藏自我。因為家中缺乏健康的溝通與對話，家人只能為了自己的生存而各自奮鬥。

父母兩人之中，若有超過一人具有「病態的自戀」（Pathological Narcissism），而無法好好滿足子女的需求或欲望，便會被稱為「失能家庭」。

在失能家庭中，子女的角色通常可分為五種。子女會為了求生存而選擇適合自己氣質或個性的角色，當然也不會完全展現其天生的個性；與其說他們是在勉強自己配合自己負責的角色，不如說他們是為了活下去而刻意表演。

我們將在這一章中介紹這五種角色*。各位可以思考自己在家庭內扮演何種角色，而自己原來又是個怎樣的人。

角色1：照顧者（Caretaker）

「照顧者」會透過自我犧牲來導正家庭的失能；比起自己，他們更會主動照顧別人，對家庭有過度的責任心，且有疏於照顧自己的問題。他們有避免與其他人對立或發生衝突的傾向，不太會跟父母對立或爭吵。他們是較不會被

批評的角色，即使遭到批評，受虐的程度也較其他人輕。他們會努力想讓所有人開心，卻無法真正讓任何人開心。

因為他們疏於照顧自己，所以容易有健康問題。他們經歷的其他問題也會使他們不斷重複錯誤的人際關係，若同儕或戀人是虐待者，他們會認為自己應該主動站出來幫助這些人，而非逃離這些人身邊。他們相信虐待者的錯誤行為源自於其幼年時期的創傷，因而容易被這些人「從現在開始會改變」、「未來會改變」等謊言欺騙。

負責「照顧者」角色的人經常會感到無力，因為若自己擁有100分的能量，他們會將90分用於家人身上。然而，即使再更努力一點（將99分的能量都用在家人身上），他們也絕對無法改變家人。他們必須改變使用能量的方向——若能將100分的能量都用在自己身上，或許就能帶來1,000分，或甚至是10,000分的變化。

角色2：吉祥物（Mascot）

「吉祥物」是讓家人開心的氣氛製造者，在失能家庭中，他們會幫忙緩解緊張並減輕家人心理的負擔，也會幫助家人迴避當前面臨的問題，一般而言，家中的老么便經常扮演這樣的角色。

「吉祥物」很會開玩笑、很有幽默感也很會逗別人笑，而他們這麼做是基於兩個原因——第一，是為了讓家人不要正視問題的存在。第二，則是為了讓家人的目光能集中在自己身上。「吉祥物」不會是犧牲或受虐待的對象。

「吉祥物」雖成長為看起來活潑且外向的成人，實際上卻隱藏著內心的悲傷，他們會用笑容掩飾憂鬱感等自身的問題。比起正視痛苦，他們更會選擇逃避；他們缺乏控制情緒的能力，外人很難看見其真摯的一面。他們也很有可能不夠成熟。

如果你是家中的「吉祥物」角色，建議你從現在開始坦率地承認自己所感受到的情緒，像是「我生氣了」、「我很害怕」、「我感到恐懼」或「我很孤單」等等，請試著具體地為自己的情緒命名。

角色3：英雄（Hero）

「英雄」經常是家中老大扮演的角色，他們是自戀型父母的獎盃也是戰利品。自戀型父母對「英雄」有著一定程度的幻想，也因此「英雄」會有條件地得到自戀型父母的愛。接受父母的信賴與援助的「英雄」，能夠創造出色的成就。而多虧了在各個領域都十分出色的「英雄」，自戀

型父母會因而堅信自己是優秀的父母，並且認為自己的家庭並非失能家庭。

由於「英雄」是以完人的角色成長，因此他們十分害怕失敗，也較容易成為工作狂，並飽受過勞問題所苦。「英雄」對失能家庭感到羞愧，且心中抱持著對家庭的憤怒，難以與其他人拉近距離，同時他們也會對他人產生極強的控制欲。憤怒與控制的需求，很可能會使「英雄」成為情緒的虐待者，也因此扮演「英雄」角色的子女結婚後，也可能會虐待自己的配偶和子女，並將自己遭受的虐待傳承下去。然而，因為他們也相信自己是完美的存在，因此不會承認自己是個虐待者。

「英雄」需要的不是外在因素，而是源自於自己內在、足以驅使他們去實現某些事情的動機，同時他們也必須學會如何變得不完美。試著承認自己是個「平凡的人」吧！試著盡情玩樂、脫離常軌吧！可以嘗試去夜店，也可以揹起背包大膽地出去旅行。

角色4：犧牲品（Scapegoat）

「犧牲品」必須承受在家人名義之下所發生的所有負面情緒，也因此他們在失能家庭當中，承受著最嚴重且最致

命的傷害。當父母不願面對自己的失能時，便會以「這一切都是你的錯」的方式，將一切推給「犧牲品」。

「犧牲品」是唯一一個深受傷害且真切感受到家庭有問題的人。正如同前述的故事《國王的新衣》，當所有人都沉默或稱讚衣服很好看，並隱瞞國王其實裸著身子走在街上的事實時，有個孩子卻突然出現，大笑著說：「哈哈！國王居然沒穿衣服！」童話中的這個孩子就類似家中的「犧牲品」，在人人都保持沉默的家庭當中，他們會點出令人坐立難安的緊張感與失能點，將這個問題拉到檯面上逼迫大家討論。

父母想要隱瞞的問題，卻總是被「犧牲品」點出來，也因此這樣的孩子自然只讓父母感到厭惡。尤其失能家庭並不允許孩子自由表達個人情緒，也因此敏感的「犧牲品」最容易被父母討厭。全家人都可能攻擊「犧牲品」，並認為是「犧牲品」造成了這些衝突。

以「犧牲品」的身分長大的人，較為自卑且自尊感低落。長大成人的他們可能會面臨創傷後壓力症候群、憂鬱症、邊緣性人格障礙等各種問題。由於無法獲得父母在情緒上與經濟上的支援，他們也難以過上較正常的社會生活。在持續與虐待者維繫關係的情況下，他們只能不斷承

受痛苦與折磨。

角色5：遺失的孩子（Lost Child）

當手足超過三人以上（或家庭成員人數較多）時才會產生這種角色。他們雖然不會遭受父母的虐待，但也不會獲得關注，同時也不會一起虐待「犧牲品」。

「遺失的孩子」不會立即發現家中的問題，也會努力盡量不要引起父母的注意。他們通常會獨自陷入幻想、看電視，或對動物與其他事物展現興趣，他們會藉著獨自陷入自己的世界脫離現實。「遺失的孩子」會否認自己感受到的情緒，也會努力讓自己不要心情不好。

長大成人之後，有些人想獲得關注的渴望會變強，但這類型的人大多較為消極且無法前進。最重要的是，他們很害怕與他人締結親密關係，因為他們從小就學到——為了保護自己，不應該與他人有太過深入的關係，也因此他們的社會化程度極低。

若想克服此問題，最好尋求專業的心理諮商師協助，坦率地表達自己的情緒，並練習與他人建立關係。先選擇在安全的空間裡嘗試與諮商師建立關係，如此一來，就有可能漸漸擴大建立關係的對象。

比會打人的媽媽更討人厭的姊姊

　　韓國傳統童話故事《荳兒與痘花》當中，獲得媽媽偏愛的荳兒與遭受媽媽厭惡的痘花是一對姊妹，她們住在同一個家中由同一對父母養育，卻過著截然不同的人生。荳兒可以跟著媽媽一起去參加員外的宴會，而痘花卻只能在家織布、打水。繼母的差別待遇已經讓人難受，荳兒還在一旁告狀、主動欺負痘花。痘花不僅沒獲得父母的保護，甚至被自己的家人奪走自由，過著艱苦的人生。

　　擔任犧牲品角色的女兒，在原生家庭裡就像童話裡的痘花或仙杜瑞拉一樣難受。虐待痘花跟仙杜瑞拉的都是繼母，因此或許還能勉強理解，但是對於必須遭受親生媽媽差別待遇與壓迫的女兒而言，這實在是難以理解的情況。

自戀型媽媽會讓孩子體會到差別待遇，就像壞繼母刻意區分出親生孩子與繼子一般，給予兩者不同的待遇。為何自戀型媽媽會對孩子差別待遇？

完美的我為何總有問題？

自戀型媽媽的子女類型大致可分為「英雄」與「犧牲品」，「英雄」與「犧牲品」雖在同一個家中長大，卻處在截然不同的養育環境中。即使犯下相同的錯誤，遭受的懲罰或訓誡也截然不同。一般而言，「英雄」即使犯錯，挨罵的也通常都是「犧牲品」，兩者甚至連穿的衣服或吃的食物也有所不同。

自戀型媽媽認為子女是自己的分身，也因此她們深信子女是像自己一樣完美的存在，尤其「英雄」是讓自戀者能向他人證明自身優越感的依據。然而，由於自戀者的生活中仍會發生大大小小的問題，而自戀者與「英雄」的人生又必須完美無瑕，因此每當發生問題時，自戀型媽媽就需要一個代罪羔羊，承擔自己與「英雄」身上發生的問題與負面情緒，而這個對象就是扮演「犧牲品」角色的子女。

我成為「犧牲品」的理由

「英雄」與「犧牲品」的角色，會在子女幼時依照媽媽的需求而決定，無法依靠子女的意志和努力改變該佈局。自戀型媽媽會依照年幼子女的氣質決定角色，可能威脅或挑戰自己的孩子，就會被歸類為「犧牲品」並提前壓制，這時通常會有一些標準。

第一，當子女是一對兄妹時，兒子通常會成為「英雄」，而女兒則會成為「犧牲品」。

第二，身為「英雄」的兒子若結婚，媳婦便會成為被嫉妒與被攻擊的「犧牲品」。

第三，當子女是姊妹時，通常姊姊是「英雄」，妹妹則是「犧牲品」。

第四，子女中較弱勢的一方會成為「英雄」，同理能力出色且較聰明的孩子則會成為「犧牲品」。

在失能家庭的子女之中，「犧牲品」會受到最致命的傷害。他們會繼承自戀型媽媽的自卑、不安與自我厭惡等感受，而不僅媽媽會折磨「犧牲品」，就連其他家人也會埋

怨並批評「犧牲品」以洩憤。「犧牲品」就是我們常說的
「情緒垃圾桶」。

　　即使是與自己無關的問題，「犧牲品」也會遭受批評。
因此他們經常覺得所有的問題都是自己的責任，並擔負起
照顧家人的角色，不過其他家人卻不會顧及「犧牲品」的
情緒。

　　「犧牲品」能夠以最客觀的角度看待這個不正常的家
庭，他們很清楚什麼是正義與真實，而他們也是唯一獨立
的個體。自戀型媽媽很清楚——這個聰明且幹練的孩子，
未來會挑戰自己的地位，因此會從小不斷給這個孩子罪惡
感並貶低他的價值，因為自尊低才容易操控。

相互孤立的子女

　　自戀型媽媽對子女的關注、愛、時間與努力十分有限，
因此當家中若有兩名以上的子女時，子女間便會彼此競
爭。當然，在一般家庭中的子女也會相互嫉妒、競爭，但
由於有父母充分的養育作為支撐，他們懂得彼此尊重且能
學到如何維繫親密關係。然而自戀型媽媽卻會不斷比較自

己的子女，而成為競爭對手的手足最終也會漸行漸遠並厭惡彼此。

自戀型媽媽所給的愛是有條件的，只有在子女滿足她們的需求時，她們才會開心地付出自己的愛，但她們的愛也無法持久。就像是會立即消失的泡影，子女很快又必須做點什麼以維持這份愛；子女會不斷渴求這樣不實際存在、有如幻影般的母愛，並忽視手足之間的友愛。

自戀型媽媽最討厭三方對質。因為三人聚在一起開誠布公地談話、解開彼此誤會時，會讓真相浮出水面。有自戀型媽媽的家庭，其成員之間會彼此孤立，幾乎沒有齊聚一堂好好對話的機會。

媽媽是宇宙的中心，是太陽

　　當天花板上的燈壞掉時，自戀型媽媽會怎麼做呢？她們可能會說自己的手腕跟腰有多痛，讓產生罪惡感的孩子代替自己去換，也有可能責備爸爸沒有在適當的時間點更換燈管，說他是個自私的人。

　　她們還有可能一直站在燈下不動——因為整個世界圍繞著自戀型媽媽運轉，所以只要她站在那裡，電燈就會自動換好！

　　自戀型媽媽打從心底相信自己是個特別的存在，活得非常自我中心。她們就是整個家的中心，自戀型媽媽就是太陽系中的太陽，而配偶和子女都只是滿足自我需求的工具。

媽媽是家中的太陽

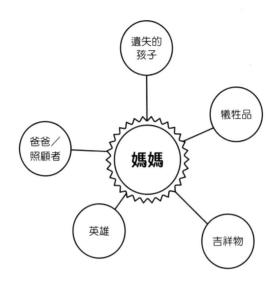

自戀型媽媽與其家庭結構

　　如同上圖所示，自戀型媽媽的家庭結構就像是太陽系，位在中心的太陽就是媽媽，爸爸與子女則是圍繞在其四周的行星。

在一般健康的家庭中，媽媽與爸爸會照顧子女並滿足子女的需求，但在自戀型媽媽的家庭結構中卻正好相反，爸爸與子女必須照顧媽媽，而子女的需求不會被滿足。

在有自戀型媽媽的家庭當中，子女經常是彼此分離的。由於媽媽的愛有限，使得手足成為必須爭奪這份愛的競爭關係，因此難以相互交流，反而經常面臨衝突。

只照顧媽媽的家人

只專注於自身的自戀型媽媽經常不安、易怒且情緒化，惹火媽媽就有如去拔沉睡獅子的鬃毛──一旦媽媽生氣，就會鬧到整個家庭簡直要支離破碎，因此子女都會盡可能地安分守己。

如果子女向媽媽要求取得自己必要的物品，媽媽可能會非常「不愉快地」接受。子女的需求大多不會很過分或奢侈，通常是生病了需要照顧，或是學校課業必要的用品等等，不過就連這些基本需求都可能令媽媽感到非常不愉快。自戀型媽媽也會用一些一般人說不出口的話威脅子女，將自己的負面情緒傾倒在子女身上。

在過度釋放情緒的媽媽底下長大的子女，會認為一旦自己表達出真正的情緒便可能會被媽媽拋棄，因而總是假裝自己沒事。

在背後操縱子女的媽媽

失能家庭中的「英雄」角色會渴求媽媽的愛與支持，並因而奉承媽媽或一起欺負家中的「犧牲品」。這類與自戀型媽媽同調、一起欺負「犧牲品」的家庭成員被稱為「飛猴」（有翅膀的猴子；Flying Monkey）。「飛猴」是小說《綠野仙蹤》裡登場的角色——西國魔女桃樂絲派手下去搶東國魔女的鞋子，而執行西國魔女命令的手下就是「飛猴」——其特徵如下：

第一，會執行自戀型媽媽的命令並欺負「犧牲品」。

第二，是除了「犧牲品」以外的子女或父母的其中之一。

第三，自戀型媽媽透過創造「飛猴」，在不損及個人名譽與形象的情況下使子女對立。

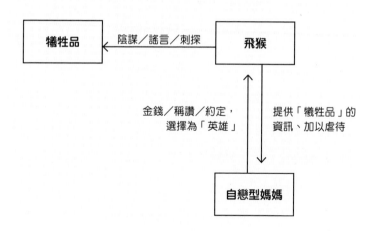

自戀型父母與攻擊結構[*]

「飛猴」可能由「英雄」擔任,也可能視情況由爸爸或親戚擔任。他們會接近「犧牲品」,掌握「犧牲品」的動向後再向媽媽回報,而自戀型媽媽則會以金錢上的支援或對未來的承諾補償「飛猴」。

「英雄」會在此過程中學到說謊與操縱他人的方法,因此「英雄」長大後有極高機率會成為跟媽媽一樣的虐待者,而他們虐待自己的配偶和子女或許也是必然的結果。

深信自己是和平主義者的「飛猴」

然而,「飛猴」深信自己是裁量雙方意見的和平主義者,因為他們認為自己應該要指證「犧牲品」的錯誤以謀求家庭的和諧。「飛猴」雖深信自己在做正確的事,但其實他們只是傳達自戀者想法的傳聲筒並幫助欺負「犧牲品」而已。

「飛猴」其實也是自戀者手下的另一個受害者。他們完全複製了自戀型媽媽心中的憤怒、緊張感和攻擊性。自戀型媽媽會用謊言訓練「飛猴」,也因此絕對不能完全相信「飛猴」所說的話,至少要努力區分什麼才是真實。

妨礙「犧牲品」獨立的「飛猴」

「犧牲品」離開家庭時,首先去找「犧牲品」的人就是「飛猴」。他們會去找離開家庭以療傷的「犧牲品」,提議要與家人和解或和睦相處,並將「犧牲品」帶回家中。

在背後操縱「飛猴」行動的人，當然是自戀型媽媽——被媽媽傷害的女兒在獨立並想要好好自我療癒之際，自戀型媽媽便會立刻派出「飛猴」發動懷柔攻勢，也會經常傳簡訊說要為了家庭和諧一起努力。

跟「飛猴」見面分享近況是不恰當的行為，因為「飛猴」會立刻將他們從「犧牲品」身上挖到的資訊跟自戀型媽媽報告。這些經由第三者傳遞的資訊會經過扭曲與誇大，並再次成為毀損「犧牲品」名譽的手段。

假裝沒看見的爸爸

　　如果家庭中的主角兼太陽是媽媽，那麼爸爸扮演什麼角色呢？圍繞在太陽周遭打轉的行星、讓主角的表演更加華麗的配角、站在主唱背後跳舞的舞者……這些就是爸爸扮演的角色。

跟媽媽結婚的爸爸是怎樣的人？

　　與自戀者結婚的配偶，認為自戀者所經歷的問題源自於幼年時期的創傷，因而會努力想治癒那些創傷。一般而言，在幼時受到許多傷害的人很有可能會感念配偶的努

力，並因而努力治癒自己曾受過的創傷，但如果對象是自戀者，其配偶若越理解、越包容或越傾聽，自戀者的虐待就會越加劇。

非常認真且努力想改變自戀型妻子的先生，通常在小時候便被父母忽視，以致難以和虐待自己的人保持距離，也難以堅守私人領域。他們總是在煩惱該怎麼做才能幫助對方，偶爾也會無法區分自戀型妻子與自己，誤以為兩者是同一個人。由於他們是透過與自戀型妻子的關係認識世界，因此會漸漸喪失正確的認知與思考能力，而他們經常也是不愛自己、自尊感低落且疏於好好照顧自己的類型。相反地，他們對他人抱持過度的同理能力，而自戀型妻子就是看上這一點，才會與其走入婚姻。

由於他們無法擺脫自戀型妻子，只能看著對方持續虐待家人，因此他們也會感覺自己很丟臉、很有罪惡感。他們在妻子面前總被批評為無能、自私且不負責任的壞人，也因此也容易誤以為所有的問題都是自己造成的。

在此情況下，受虐者也會與配偶的原生家庭糾纏不清——尤其當配偶是自戀者，代表配偶的父母也極有可能是自戀者——長期與自戀者族群糾纏，自然會感到精疲力盡。

爸爸是同路人？還是被害者？

對於女兒而言，與自戀型媽媽結婚的爸爸在家中的角色大致有兩種，分別是「照顧者」與「犧牲者」。

成為「照顧者」的爸爸，其實默許了媽媽的虐待。如同前述，自戀者會尋找同理能力出色且溫暖的人、能夠依照自己心情呼來喚去的人、富有耐心的人、願意珍惜自己的人及能夠容忍自己行為的人結婚。

爸爸當然會為了滿足媽媽而不斷努力，因此即便子女出生，也很容易默許媽媽的虐待。由於爸爸已經跟媽媽一起生活了數十年，他們很清楚自己的太太是怎樣的人，也因此他們認為維繫家庭和平的方法，就是每件事情都小心謹慎、避免讓媽媽生氣。

部分的爸爸會努力解決妻子與孩子之間的問題，但通常只會讓結果更差——若爸爸偏袒孩子，自戀型媽媽的怒火只會更加劇烈；如果說自戀型媽媽起初罵人的程度只有十分，在爸爸偏袒孩子之後便可能提升到一千分。

而扮演「犧牲品」角色的爸爸，則會經常被媽媽攻擊。爸爸偏袒子女且指出媽媽的錯誤行為時，媽媽就會攻擊爸爸並刻意疏遠他。由於子女通常與媽媽在一起的時間較多，若是看到媽媽不斷數落爸爸，爸爸很快也會被子女孤立。

媽媽會洗腦子女——爸爸有多不負責任、多無能、多自私，也會不停詆毀爸爸的原生家庭（也就是婆家的人）。這使得下班後回家的爸爸，不僅沒能獲得家人的迎接，假日在家休息時還要看人臉色。在整個家中，爸爸可以立足的空間將越來越小，而子女也會失去與爸爸建立關係的機會。

無論爸爸屬於上述兩種情況中的哪一種，爸爸都難以在家庭內發揮自己的影響力。

擋在女兒與爸爸之間的媽媽

自戀型媽媽會跟女兒爭搶先生的愛與關注。當同性別的女兒獲得先生的喜愛，她們便會嫉妒並對女兒說爸爸的壞話，想讓女兒在心理上跟爸爸產生距離感。同時她們也會

告訴女兒，所有的問題都源自於爸爸，想盡辦法使女兒怨恨爸爸。

當女兒長大成人且能夠客觀看待原生家庭的問題時，才會了解並非所有的責任都在爸爸身上，並意識到媽媽所說的話並非全是真的。但那時父女之間可能已經產生了心理上的隔閡，更可能因為爸爸對媽媽的虐待置之不理，而感到失望、怨恨，難以輕易恢復關係。

可以對爸爸感到憤怒

我們必須對擔心婚姻生活或家庭關係破裂，而默許子女成為「犧牲品」的父母表達出憤怒。妳是否認為爸爸知道媽媽正在虐待妳，或爸爸曾經親口跟妳說過這些事？在這樣的情況下，爸爸十之八九無法保護各位，或會不相信妳說的話而反過來批評妳。

我們不需要急著努力理解或把爸爸的行為合理化，不過妳可以好好地難過一下。面對為了在社會上保持體面或維繫家庭和諧，而對媽媽的虐待袖手旁觀的爸爸，妳可以放膽地感到憤怒。身為父母理應保護子女，讓子女安心、支

持子女並幫助子女相信自己是有價值的人才對。

　　有些女兒或許會感覺自己必須對爸爸負起過大的責任，因為其實爸爸也是被自戀型媽媽傷害的受害者，不過已經是成人的爸爸不為了解決自己的問題而努力，其實並不是我們的責任。爸爸的不幸或問題，自然也不是我們的責任。

可以被疼愛、被討厭嗎？

　　家人所擔任的角色都是為了自戀型媽媽而存在的——如果妳是「犧牲品」，那就不該在自己身上尋找在家中受折磨的原因，因為問題並不在妳身上，只是自戀型媽媽需要一個能夠發洩情緒的出氣筒，而妳剛好被挑選為那個「犧牲品」而已。

　　家人的角色，可能會因特定的事件而產生變化，不過這與子女的意志或努力無關。擔任「犧牲品」的子女無法靠著認真努力獲得媽媽的疼愛，並進一步改變自己的角色。一般而言，要等到子女長大成人並獨立或結婚之後，才可能使家庭結構與其中的角色改變。

一定會有人成為「犧牲品」

家庭成員角色改變的經典契機，就是「犧牲品」的消失，例如擔任「犧牲品」的爸爸去世，或擔任「犧牲品」的兒子出國留學，再不然就是擔任「犧牲品」的女兒結婚等等。在此情況下，剩下的家庭成員中就會有一個人成為新的「犧牲品」。

因為家中發生的所有問題其實都不是「犧牲品」的責任，因此在「犧牲品」消失之後，問題當然還是會持續發生。想逃避責任的自戀型父母因而必須盡早找到新的「犧牲品」——失能家庭總是需要一個「犧牲品」，因為他們必須把自己的憤怒、怒火、自卑感與問題丟給別人；子女擔任特定角色或角色的改變，都與新的「犧牲品」出現有關。

成年後的「英雄」將成為「犧牲品」

自戀型父母期待「英雄」實現不可能的目標，但大部分的平凡「英雄」都無法完全滿足父母的期待。在子女考大

學、投入就業競爭市場的過程中,自戀型父母會發現,他們深信完美無瑕的「英雄」其實一點也不完美。

自戀型媽媽無法輕易接受「英雄」沒能考進知名大學,也無法接受「英雄」無法依照她們的期待通過司法考試成為律師。當她們為子女設定一定要成為公務員的目標,且子女也真的考上公務員之後,她們會繼續責怪子女——她們辛辛苦苦送小孩上學讀書,最後卻只能成為最底層的公務員,實在令她們丟盡了臉。

最後,無法滿足父母期待的「英雄」便會成為「犧牲品」,這也是為什麼曾經是「英雄」角色的女兒即便已達成許多自戀型父母所設定的目標,卻仍經常覺得自己一無是處的原因。

是「英雄」也是「犧牲品」

我在YouTube上介紹失能家庭的五種角色時,許多訂閱者都會問一個問題——那就是他們非常驚訝地發現,自己似乎同時擔任其中的兩、三個角色。沒錯。一個人的確可以同時擔任好幾個角色!如果你是獨生子女,那麼你就可

能同時擔任這五種角色。

　　若只有一名子女，就必須由同一個人同時擔任完美的「英雄」，以及象徵所有問題元凶的「犧牲品」這兩種極端的角色；若有兩名子女，則「英雄」越接近成人期就越可能成為「犧牲品」——這時可能會完全轉變成「犧牲品」的角色，也可能同時擔任「英雄」與「犧牲品」。

　　「英雄」與「犧牲品」雖是兩個極端，但確實也可以同時存在。身為「英雄」的你可能集父母的關注於一身，並被要求成為完美的人，而與此同時，你也可能必須為家中發生的所有問題背負起罪惡感。

　　一名同時擔任這兩種角色的訂閱者，曾向我訴說：

　　「我媽媽會極度吹捧我，卻也會瘋狂辱罵我，這讓我非常混亂。媽媽總批評我有雙重人格，因此我也感覺自己的內在同時存在著極端的善與惡，這令我非常害怕。」

　　我也一樣。以我的情況來說，因為我沒能考上理想的大學，失望的媽媽因而連續幾天臥病在床。直到我結婚生子之前，媽媽都不斷提醒我，我有多麼令她失望。即便如此，在我申請到大學的全額獎學金後，她卻開始要求我在畢業時必須立刻找到工作……我總是很混亂，內心也不斷產生自我厭惡感。

同時擔任「英雄」與「犧牲品」兩種角色的子女會有嚴重的情緒問題，最典型的例子就是邊緣型人格障礙。邊緣型人格障礙會有認同混亂、被動或自我傷害（成癮問題等）、自殺衝動、自殘、自我厭惡、對戀人的過度執著、完美主義傾向與敏感等症狀，也會罹患創傷後壓力症候群。

一般而言，我們的記憶或情緒會隨著時間流逝而逐漸變得麻木（若有創傷後壓力症候群，與創傷事件有關的記憶即便經過很長一段時間，仍會生動地一再重複），也可能會有解離性身分障礙（我們常說的雙重人格或多重人格）。這雖然是較為極端的例子，但當子女必須同時扮演「英雄」與「犧牲品」這兩種角色，就代表他們經歷過極端的情緒虐待。

離開家庭並保持沉默

若你確信自己是「犧牲品」，該怎麼做？「犧牲品」無法靠自己的力量改變角色，唯一能做的就是沉默地離開家庭。當「犧牲品」離開，家人之間的關係就會疏遠；事實

上，「犧牲品」其實有意無意地成為了凝聚家庭的核心，也因此當「犧牲品」消失，其過去獨自承擔的重擔與壓力就必須由剩餘的家庭成員分擔。剩餘的家庭成員或許會看似緊密地湊在一起責怪「犧牲品」，但此情況無法持久，因為新的問題仍會持續發生，這時他們就不知道該責怪誰才好。

你一直以來不斷告訴家人，家人之間應該彼此互信、互愛，且不斷為自己悲痛的情緒發聲，不過卻從沒有人傾聽你的聲音。

只有在你消失之後，家人才能看見你真正的樣子。過去儘管你竭盡全力吶喊，卻沒有任何人願意聽你的聲音，但隨著你的沉默與缺席的時間越長，家人反而越會傾聽你的意見。

畫出我的原生家庭結構

夏天的療癒課題

2

　　參考在〈媽媽是宇宙的中心，是太陽〉章節中出現的圖畫，畫出自己的原生家庭吧！你或許一直以來擔任自戀型媽媽的「飛猴」，穿梭在家人之間執行媽媽的命令，你也可能在成為新的「犧牲品」並遭受攻擊之前，完全不知道原本的「犧牲品」曾經活在何等的痛苦之中。不過只要能從現在開始客觀看待並接受自己的家庭結構，就能對恢復帶來很大的幫助。

　　當子女長大成人、獨立或以特定事件為契機而造成「犧牲品」離開家庭，或是自戀型媽媽對「英雄」感到極度失望時，家庭結構就會產生改變。如果你家發生了這樣的改變，就可以試著將改變後的結構畫出來，與小時候的情況進行比較。

1. 小時候

1) 自戀型媽媽與其家庭結構

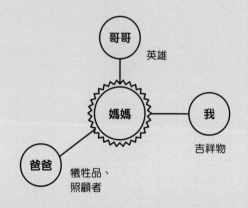

2) 自戀型媽媽與其攻擊結構

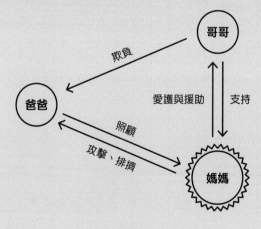

2. 現在

一改變原因：曾經是「犧牲品」的爸爸去世了。

1) 自戀型媽媽與其家庭結構

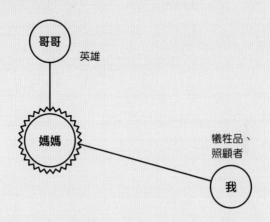

2) 自戀型媽媽與其攻擊結構

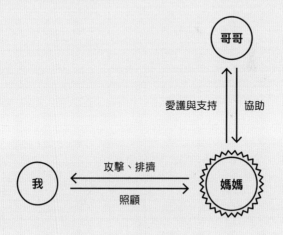

1. 小時候

1) 自戀型媽媽與其家庭結構

2) 自戀型媽媽與其攻擊結構

2. 現在

－改變原因：

1) 自戀型媽媽與其家庭結構

2) 自戀型媽媽與其攻擊結構

第三章

女兒被困在名為媽媽的城中

女兒是媽媽的虛擬替身

　　迪士尼動畫電影《魔髮奇緣》的故事，是從媽媽葛索將女兒樂佩關在塔中十八年開始——葛索基於維持年輕美貌的目的囚禁樂佩，而一輩子被困在塔中生活的樂佩，唯一的願望就是每年可以在自己生日那天，到塔外去看看天燈。然而，當樂佩哀求著希望能到塔外一探究竟時，葛索卻說：

好，妳去吧！出去後死在強盜的刀下吧！
我只是妳媽媽而已，我哪裡懂什麼？
我只是為妳洗澡、為妳換尿布、照顧妳而已。

就丟下我離開吧！這還便宜了我。

我會獨自在這直到死去，妳再回來參加我的喪禮。

雖然到時可能已經來不及。

妳容易被騙、太單純又不檢點，

愚蠢而且有點，該怎麼說，嗯……傻。

媽媽所期盼的只有一件事，

那就是別再問我妳能不能離開這座塔。

我真的非常非常愛妳，孩子。

——節錄自原聲帶〈母親最了解妳〉

（ *Mother knows best* ）

其實樂佩已經是個十八歲的成人，可以將頭髮當成繩子獨自離開高塔。葛索並沒有用繩子將樂佩綁住，也沒有以暴力威脅她，只是用幾句話描述外面的世界有多危險，意圖誤導樂佩，讓她以為自己十分不成熟且十分愚蠢，同時葛索還強調了自己對女兒的愛與犧牲。

長大成人的樂佩開始慢慢對媽媽的話產生疑問，媽媽的謊言不可能一輩子通用。十八年來被關在塔裡的樂佩開始反抗媽媽並離開高塔，在終於感受到自由與解放的同時，

卻也被違抗媽媽的罪惡感所折磨。電影讓兩種感受反覆拉鋸，將樂佩混亂無比的心情傳達得淋漓盡致。

　　真不敢相信！我竟然到外面來了！
　　媽媽不知道就沒關係，對吧？
　　真是太棒了！！！
　　我絕對不會再回去！
　　好棒！今天是我人生中最棒的一天！

　　V.S.

　　真不敢相信！我竟然到外面來了！
　　但媽媽應該會生氣……
　　怎麼辦？我可能會被她殺了。
　　我真是個卑鄙的人。
　　我真是個壞女兒，我要回去了。

不成熟且愚笨的樂佩以為自己走出高塔就會出事，她認為自己必須依靠媽媽並信賴媽媽才行。違抗媽媽就等於是背叛對媽媽的愛，因此她必須臣服於媽媽的掌控。其實困住樂佩的並不是那座實質的高塔，而是媽媽的謊言及其各種道德綁架、施加罪惡感與扮演受害者的語言。

被關在無形監獄中的女兒

自戀型媽媽會以自己理想的方式「操縱」並「控制」女兒，讓女兒無法跳脫自己所設的框架，使其逐漸成為媽媽的魁儡，活在無形的監獄之中。然而，為什麼長大成人後的女兒，仍無法擺脫媽媽的掌控？為什麼還是會依照媽媽想要的風格穿搭、依照媽媽的理想上大學，並依照媽媽的理想就業呢？為什麼無法果決地做自己的選擇，而會唯唯諾諾地配合媽媽為自己所創造的形象呢？

原因很簡單，因為在成年之前，女兒獲得的並非媽媽的關心、愛與情緒支持，而是過度的干預、操控與控制。自戀型媽媽希望女兒順從自己，因此會精心操控女兒的一舉一動，她們會貶低女兒的自信或信賴，使女兒成為媽媽的

精神奴隸。

緊抓不放直到女兒疲憊不堪的媽媽

自戀者非常執著於外在的形象，他們會將自己訂下的成功標準與社會形象視為規範，並依自己的理想操縱子女。而年幼的子女因為只能依賴父母而生（也就是「生存」取決於父母），因此無可奈何地只能為了獲得父母認同而孤軍奮鬥。

能從媽媽那裡得到愛的方法只有一個，那就是變得完美。成為一個漂亮、會讀書、擅長打理家務且很會賺錢的完美存在！為了符合媽媽超現實且恣意的要求和標準，女兒有如玩著一場辛苦的蹺蹺板遊戲。

在我的YouTube頻道的訂閱者中有一位叫做美善的女生，她從高中開始就想成為網路漫畫家。儘管她的媽媽非常反對她的夢想且不願給她任何協助，她仍靠著自己的力量，努力考進位於首爾的藝術大學。

在美善就讀大學的期間，她的媽媽不斷告訴她，她的科系和夢想有多令媽媽失望、不切實際，以及不懂人情世故的美善有多不懂事。朝著夢想前進的美善多年來在媽媽負面訊息的影響下，逐漸被「反正我試了也會失敗」的想法困住。為了賺取上課所需的材料費，她必須兼顧打工與學業；儘管學習的時間比別人少，她仍舊以非常優秀的成績畢業了。然而，她仍對自己的實力缺乏足夠的自信。

媽媽建議畢業後的美善去當銀行專員，而認為自己沒有才能也沒有機會成為網路漫畫家的美善只好聽從。當美善決定按照媽媽的想法行動時，媽媽便為美善付清所有必要的費用，還買了面試所需的套裝。不久後，美善成了銀行的約聘專員，而媽媽則有如自己錄取般開心。看到媽媽開心的樣子，美善覺得非常幸福。

但讓媽媽快樂的滿足並沒有持續太久。媽媽開始對美善說：「妳能夠在銀行上班，都是因為我說服妳、拉著妳。要不是我，妳肯定會因為沒工作餓死。」同時，她也逢人就炫耀女兒在銀行上班，卻在隔天毫不留情地貶低女兒：「怎麼會是約聘？妳實在很讓我丟臉，害我都不敢出去跟別人講。」

美善被媽媽的批評一點一點地影響，漸漸覺得自己什麼都做不到，只能當個約聘專員。她也認為自己實在太令人失望，因而在精神上陷入徬徨且無助的狀態，幾年後，她便辭去了銀行的工作。

沒有自戀型父母的小孩或許會說：「左耳進，右耳出就好！」然而自戀型父母的子女卻無法對父母的要求充耳不聞。這究竟是為什麼？為什麼我們無法做出像樣的反抗？

蜜月期與虐待期的無限循環

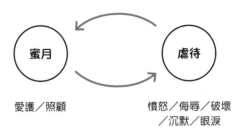

自戀者無限循環的關係圖

　　自戀型父母喜歡使用的方法，就是重複「蜜月期」與「虐待期」。當被害者聽從虐待者的意見，就會進入愛護有加的「蜜月期」——例如當女兒買了一個媽媽一直很想要的包包送她，媽媽就會帶著這個包包出門向身邊的人炫耀，而開心的媽媽也會對女兒表達愛與關心。然而，就如同大家所預期的，蜜月期並不長久。

　　某天，媽媽又會對下班回家的女兒表達她的憤怒——她帶著新包包去參加同學會，想在同學會上炫耀，沒想到其中一名同學卻說她的女兒送她出國去旅遊，並當場發送紀念品。自那一刻起，媽媽獲得包包的喜悅便會完全消失，她開始批判女兒：「一趟海外旅遊只要三萬多塊，妳曾經

送我去過嗎？妳知道妳害我多丟臉嗎？大家都在炫耀自己的小孩送他們出國，就我一個人沒什麼好說的，只能呆坐著吃飯，妳知道我在同學的心中有多可笑？」

媽媽會不斷表達憤怒，並侮辱與貶損女兒，直到女兒滿足自己的願望為止。她們有時候會哭，會假裝成受害者；有時候又會沉默，假裝住在同個屋簷下的女兒並不存在。直到女兒終於買了海外旅遊套裝行程，達成目的的媽媽才會再度回歸「蜜月期」，她可能會特地做女兒喜歡的小菜，也會有耐心地聆聽女兒說的話。

「蜜月期」絕對無法永遠持續，只會到達讓被害者淺嚐即止的程度，並且確實地對被害者傳達訊息：「妳好好聽我的話、照我的話去做，我們就可以這樣相安無事、幸福、快樂地過生活。」當自戀者產生新的目標後，「蜜月期」便會立刻轉入「虐待期」。

確認看看自己和媽媽是否處在如此循環之中吧！

第一，時間越久，循環週期的速度是否越快？

第二，時間越久，循環的強度是否越強？

第三，時間越久，蜜月期是否越短且虐待期越長？

自戀型媽媽與女兒之間的問題，出在無法滿足的媽媽身上。不是妳不夠孝順，無法讓父母開心，而是因為自戀者無法接受、接納，無法去愛別人原本的樣子而已。

讓女兒疲憊
作戰 #1

語言的力量很強大，而我們受到語言操縱的程度遠超出我們的想像。讓女兒陷入混亂的操縱話術，會讓女兒失去自信、對不需要負責的事情產生罪惡感，進而讓女兒無法分辨真假，也無法掌握媽媽真正的意圖。

自戀型媽媽就像一匹狼，會鍥而不捨地追逐獵物，令獵物疲憊不堪。她們會在女兒精疲力盡之際操縱女兒，而女兒則會因為媽媽不間斷的言語折磨痛苦不已，以致無法客觀看待並思考任何一件事，漸漸失去所有的能量。

「好……這些錢，媽就拿去用吧。」

「好，我會照媽說的準備公務員考試。」

「呼……那就別穿這件，穿媽說的衣服出去。」

　　無力的被害者會立刻被虐待者捕獲，虐待者能在那一瞬間達到他們的目的。

隱藏真相

　　自戀者善於說謊，且他們的謊言並非毫無依據或荒謬無稽。他們說的話會建立在真實、事實與實際發生的事情上，只不過逐漸演變成荒誕的謊言，自戀者會讓事情脫離真相並以自己的主觀思考，巧妙地置換事情的全貌。

　　自戀型媽媽會不斷告訴女兒，說自己是個非常了不起的人、自己有多孝順、為家庭犧牲奉獻了多少、多善於打理家務，或是個多有智慧的女性等等。

在媽媽單方面灌輸的觀念之下長大的女兒會深信：

「我媽媽真的很辛苦，
她現在應該過得輕鬆一點。」
「爸爸是讓媽媽吃苦的壞人，
至少我不能讓媽媽失望。」
「媽媽很會管錢、很會做菜，
是個多才多藝的人。」
「媽媽是我唯一可以信賴且依靠的人。」

但各位絕對不能被這些漂亮的話迷惑，切記要仔細觀察實際的行為與情況。

我的YouTube頻道的訂閱者中一位名叫知英的女生，她從小就聽著媽媽灌輸的這些觀念長大。

「除了我們家人以外，其他人都是要來騙妳的，除了我們家的三個人之外，妳絕對不能對任何人敞開心胸。絕對不能把我們家發生的事告訴別人，這樣我們家會被當成笑柄，別人也會瞧不起妳，會欺負妳並利用妳。」

知英聽從媽媽的話，完全不跟朋友說家中發生的任何事，直到三十歲之前，她都深信這世界上只有家人會站在

自己這邊。就業後的她也負起家裡經濟的重擔,月薪幾乎全為家人所用。知英覺得自己就該這麼做,也不討厭這樣的自己。

然而,知英在滿三十歲之後遇到一個好男人,當她告訴媽媽自己決定結婚時,才漸漸真相大白。媽媽誓死反對知英結婚,因為她不願失去知英的薪水。事已至此,知英才意識到媽媽會將自己的薪水全部拿走,並對她進行經濟上的剝削,同時也會為一件小事懲罰她、持續虐待她。

沒有結論的爭論

自戀型媽媽和女兒之間的爭論是無止盡且不斷重複的,昨天、今天、明天……無論何時雙方都會針對同樣的問題不斷爭吵、翻舊帳。即使母女花一百分鐘討論一件事,仍不會有任何結果,所有說過的話只會不斷跳針。和媽媽生活在同一個空間的女兒,無法逃離這無止盡的爭論。無論如何反駁媽媽的話、舉出任何證據都無法說服媽媽,因為最初的爭論目的根本就不在於找出共識。

自戀型媽媽會在女兒正式帶男友回家跟父母親見面隔天，開始找女兒男友的缺點，並表示他不值得信賴、看起來很陰險、很奸詐或很吝嗇等等。即便一邊切著女兒男友拜訪時送來的哈密瓜，還是會一邊批評對方瞧不起自己，竟買這麼不像話的廉價哈密瓜來拜訪。

　　幾個月後，當女兒度完蜜月並帶著土產回到娘家時，自戀型媽媽也會再度展開攻勢，指責女兒與女婿絲毫不在乎孤單寂寞的岳母，並順道針對對方婚前來拜訪時只吝嗇地買了兩顆哈密瓜等事提出批評。

　　如果女兒生了孩子後會如何呢？藉口要為女兒坐月子而入住女兒新婚之家的自戀型媽媽，會不斷批評女婿沒有好好接待辛苦的岳母，並在為了照顧孩子而忙得焦頭爛額的女兒面前，怨聲載道地表示，從最一開始只買兩顆廉價的哈密瓜就能看出女婿是這種人。儘管女兒努力地想說服媽媽，卻絲毫沒有任何用處。自戀型媽媽會突然開始說起自己曾經多麼被人瞧不起，或是臉色大變、流著淚委屈地說：「沒想到我懷胎十月生下的孩子竟是如此看我的。」

　　和自戀型媽媽的對話，總會朝無法掌握的方向發展，偏離五度、偏離十度⋯⋯每次都會巧妙地偏移一點點，使對話原地打轉且無法得出結論。她們也總會刻意找麻煩，批

評女婿又壞又自私，並意圖藉此獲得自己想要的東西。

一位訂閱者說：「我媽總會主動挑釁，說話又一直跳針，每次說到最後她都會哭，講得好像自己是世界上最可憐的人。她每一次講的話都不一樣，完全不知道對話的方向會往哪裡發展。跟她講完話之後，只讓人覺得筋疲力盡又很有罪惡感。」

女兒透過爭論所能獲得的不是共識，而是罪惡感，因為自戀型媽媽會不停翻舊帳，使被害者產生罪惡感——例如「妳小時候總是不睡覺，真是把我折騰死了」、「弟弟出生的時候，已經滿十二個月早已戒掉尿布的妳，又突然開始為了要包尿布而鬧脾氣」等，以諸如此類的事件來數落女兒。

最後，疲憊不堪的女兒滿腦子都只會有「好，我是壞人，是我讓妳累成這樣」的想法。

無盡的教誨

自戀型媽媽也會不斷幫女兒上課，且每一次的教誨都詳細又具體。像是「妳去跟妳爸說，叫他要這樣做」或「妳去說服妳哥哥」……她們會具體指示女兒該如何行動，使全家人都依照自己的想法做事。

女兒下班回家後，若坐在餐桌邊喝口水稍作休息，她們就會靠過來，自然且不間斷地打開話匣子。一開始的主題是她們今天遇到的鄰居阿姨，以及鄰居阿姨的近況，再來她們會忿忿不平地抱怨鄰居阿姨在哪些地方惹火了她們，或提及鄰居阿姨炫耀兒子做了些什麼，最後就會將矛頭轉向女兒。（也可能會說鄰居阿姨有個溫柔的老公或優秀的兒子，總之她們會拿自己的處境跟別人比較，再細數、抱怨自己為家庭做了多少犧牲。）

無論對話的開頭為何，最後的結尾總是「所以為人子女的妳，應該要多幫幫我」或「所以為人子女的妳，應該要給我錢」等等。她們會不斷糾纏女兒，直到女兒完成自己的願望，就算女兒搬出去或結婚，電話也會成天響個不停。女兒需要不停地接受媽媽的抱怨與無止盡的牢騷，並接受結論為「妳應該如何又如何」的訊息轟炸。

煤氣燈效應

《煤氣燈效應》（*Gaslighting*）是1938年上演的一部舞臺劇的名字。劇中的傑克殺害了樓上鄰居家的女主人，並打開煤氣燈到處翻找寶石。然而，樓上的這戶人家與樓下的自己家共用瓦斯，因此每當打開樓上的煤氣燈時，自己家中的燈就會受到影響。待在樓下的妻子貝拉問先生：「不覺得燈好像變暗了嗎？」但傑克卻以貝拉太敏感搪塞過去。漸漸地，貝拉開始懷疑自己對現實的認知能力，也逐漸加深對傑克的依賴。

「煤氣燈效應」是一種精神虐待的手段，會使被害者逐漸懷疑自己看待現實的能力。被害者會接受虐待者加諸在自己身上的觀點，即便意識到自己遭受操控，還是要花很多時間才能擺脫虐待者的影響。

虐待者會透過「煤氣燈效應」隱藏特定的真相並掩飾自己的加害行為，責怪被害者「不懂得分辨事理」、「不了解世界的險惡」，或徹底忽視被害者的要求。以「你怎麼對每件事情都有意見」、「你真是不懂感激」或「我好像沒說過這種話」、「我不記得了」等方式否認曾發生過的事情。

假如與自戀型媽媽荒唐的爭吵或耍賴使女兒感到疲憊，導致女兒逼不得已憤怒地大聲說話或大力地關上房門，媽媽就會以「妳真是不懂事」、「妳太敏感了」等方式回應，把女兒的情緒當做不成熟的反應並刻意忽視。

女兒會逐漸對自己的感受失去自信，懷疑自己是不是精神失常，最終變得無法相信自己。很多女兒都是因為認為自己有人格障礙並開始尋找資料，才進而接觸到我的頻道。因為身為加害者的媽媽為了隱藏這個事實，會將女兒塑造成加害者。

一位訂閱者曾向我描述過去三十年來，她的媽媽如何透過「煤氣燈效應」操控自己：「怎麼想都沒有答案的時候，我就會尋求父母的建議，不過他們總說我不會想。因此我也總擔心別人會不會在心裡認為我不會想或在心裡嘲笑我，這使得我的職場生活更加疲憊不堪，我無法適應社會生活，也總責怪自己無能。」

模糊的意見表達

　　自戀型媽媽並非總是只用辛辣的用詞，她們偶爾也會以模稜兩可的方式表達，通常是在提及未來將發生的事，或是未來的計畫時。如果問她們「這是怎麼回事」或「妳打算怎麼做」，她們便會以「我也不知道」或「這樣好嗎」等方式含糊帶過，而這會使被害者感到不自在，並非自願地背負起責任感。

　　曾經有個夏天，我爸爸的生日快到了，於是我打電話給媽媽：

　　「媽，妳過得好嗎？」

　　「嗯。還好，有什麼事嗎？」

　　「喔，沒有啦，下星期不是爸的生日嗎？」

　　「啊……是喔？」

　　「我想說爸生日，大家應該要一起吃個飯。」

　　「嗯……」

　　「我們回家好嗎？順道買個水果跟蛋糕，回去一起吃應該不錯吧？」

　　「啊……要在家吃？這……」

　　「（心想：媽應該是怕在家做菜很辛苦。）天氣這麼熱，

還是我們外食？」

「嗯……好。」

「那妳有想去的餐廳嗎？」

「嗯……都好。」

「（心想：媽可能是擔心外食花費太大。）去妳上次說喜歡的那間餐廳？」

「嗯……這樣好嗎？」

「當然，我們就約在那邊吧！包括弟弟家的餐費都由我們來負擔。」

「好！這樣很好。」

她們其實心知肚明——只要話講得夠模糊，就能將責任巧妙地轉嫁給聆聽的人，促使被害者把事情導向自己理想的方向，同時又不需負擔所有的責任。

極端的情緒起伏

自戀型媽媽的情緒起伏經常非常劇烈。她們也許今天會說「我愛妳」、「妳對我而言是不可或缺的存在」、「就算有人給我好幾十億要換妳，我也不願意」……但隔天，她

們又可能偏激地虐待、埋怨或批評女兒，以類似「妳以為我生下妳這種小孩很開心嗎？我真的對自己很失望、很討厭我自己」等狠毒的話責備女兒。自戀型媽媽的言語和行為完全無法被預測。

自戀型媽媽擁有好幾十張面具，並且將視情況快速地更換。她們有時會戴著溫柔的慈母面具，有時會戴上威脅女兒的反派面具，有時則會戴上受害者的面具。不安且混亂的女兒，會逐漸對自己沒有自信，並且越來越聽從媽媽的話。

攻擊是最好的方法
作戰 #2

　　自戀型父母會不斷批判子女，如果子女所犯的錯其嚴重
程度是十分，自戀型父母會說得像是兩百分那般嚴重。他
們甚至不會只批評子女的特定行為或成果，而會貶損子女
本身的價值。

　　他們可能會不斷向子女傳遞負面的訊息，像是「你是個
壞孩子」、「你很自私」或「我這麼辛苦、做這麼多犧
牲」等等。對自戀型媽媽而言，所有的問題都是子女或先
生造成的，因為唯有這樣想，她們才能夠隱瞞自己利用子
女取得利益的事實，並繼續從其身上獲得自己想要的。

抵禦攻擊到疲憊不堪，以致無法看見真相的女兒

自戀型媽媽猛烈批評女兒的原因之一，就是為了使其從被害者變為防禦者。女兒必須不斷說明、證明自己不是個忘恩負義的人，但無論多麼努力，都難以說服媽媽。媽媽不斷攻擊女兒，是為了讓女兒把所有的時間與精力都用於防禦自己，進而無法看清真相。

儘管女兒在大學畢業後，以微薄的月薪還就學貸款、支付家中的開銷，並在終於存下一點錢後購買自己所需的衣服和化妝品，自戀型媽媽仍會對女兒說：「我們全家人都因為沒錢而受苦，就妳一個人吃好、穿好！妳有看見家人們過著怎樣的生活嗎？真是自私，眼中只有自己。」

而女兒也會因此擺出防禦的姿態，說明自己不壞、不自私，同時也會努力想愛媽媽、擁抱媽媽及理解媽媽。不過女兒越是努力聆聽、忍耐，自戀型媽媽的虐待就會越來越誇張。因為被害者越是理解、包容，加害者就越會認為「這果然是對方的問題」！

推測女兒的情緒並予以批評

　　自戀型媽媽會推測女兒的情緒，並對女兒說：「我幫妳做了這件事，妳卻不知感激。」而女兒若意圖反駁，媽媽就會以「妳何時對我說過一聲謝謝」來讓女兒難堪。「看來妳不想花時間跟家人們待在一起」或「看來妳不喜歡我常去妳家拜訪妳」等言論也是類似的脈絡，自戀型媽媽會以這種方式向女兒傳達「妳是個壞人」的訊息。

　　如此一來，女兒會認為是自己造成家人的痛苦，並自然地將自己的欲望與需求往後推，將照顧自戀型媽媽放在第一順位。為了證明自己很感謝媽媽並展現自己很重視家人，女兒會不斷滿足自戀型媽媽的需求。

貶損女兒的價值

除了特定行為之外，自戀型媽媽也會貶低女兒本身的價值，像是「沒有人認為妳有價值」、「不會有人像我一樣愛妳」等都是很好的例子。而如果有人稱讚女兒，媽媽也會洗腦女兒那些都是裹著糖衣的毒藥。

老實說，我出生至今從不曾被我媽媽稱讚過。親友聚會時，媽媽只會忙著嘲笑我，說我有雙蘿蔔腿、眼睛小到她想幫我把眼睛撐開等等，長大後也一樣。在我就業後，她也會辛辣地批評我，說頻繁聚餐讓我變得很胖，她會當著我的面說：「看看她背上的肉，到底是吃了多少啊……贅肉整坨堆在那裡，看起來一點都不漂亮。」事實上，當時我的體重只比原本的多出兩、三公斤而已。

我在自己開始帶孩子之後遇到了很多媽媽，才終於徹底擺脫對外表的自卑感。我所接觸到的孩子當中，沒有那種漂亮得如玩偶般、可以去當廣告模特兒的類型，但每位媽媽都說自己的孩子很可愛、對其疼愛有加且以他們為傲。

了解到即使自己的孩子長得像壓扁的饅頭，在一般媽媽的眼中也非常可愛之後，我才終於放心。我這輩子始終承受著媽媽對我外貌的批評，並不是因為我不漂亮或真的十分醜陋，而是因為我媽媽無法疼愛自己生的孩子、無法接受孩子原本的面貌。

放大不安，使其自尊感低落

自戀型媽媽會使女兒不安，方法大致可分為兩種。一種是在他人面前刻意說出女兒很在意的事情——就算明知道將這件事公開，會使女兒感到不安且羞愧，卻還是會刻意在人前說出來。例如說出青春期的女兒曾單戀別人卻告白被拒，或是透露女兒還沒結婚、不久前去動了痔瘡手術之類的私事。

另一種方法則是直接批評或侮辱女兒——自戀型媽媽會使用侮辱性的言詞批評女兒的行為，而持續性的批評，會使一個人的自尊低到自己無法拯救的程度。

逐漸感到嚴重不安的女兒，在做任何決定時都很難自行判斷，需要得到他人的認同才肯下決定。媽媽會不斷放馬後炮、假裝自己是受害者，使女兒逐漸被周圍的人孤立，導致女兒最終能夠商討人生重要決定的人選只剩下媽媽，也因而導致女兒更依賴媽媽。

完全無法獲得媽媽尊重的女兒，會受極低的自尊與孤獨所苦，即便身邊出現好男人也會十分警惕。女兒會心想：「他一定不是真心愛我，該不會是想騙我發生一夜情吧？是不是想要我？」女兒會對自己的存在感到恐懼，認為沒有人會愛這樣的自己，同時認為在沒有媽媽的情況下，自己就是個沒用且沒意義的存在。

女兒無法直視現實，因為唯一能帶給女兒存在價值的人就只有媽媽。女兒無法自主決定任何事，也沒有自信，於是會將一切交由媽媽處理，也因此才會在遭受虐待的同時，仍無法擺脫媽媽的掌控。女兒越被孤立，媽媽與女兒之間的關係就會越深；女兒的自尊越低，女兒就越無法擺脫媽媽。

必須有人停止這個無限的循環，而那個人，就是女兒自己。

媽媽操控女兒的紅蘿蔔與鞭子
作戰＃3

　　自戀型媽媽會對女兒的情緒狀態與行為等進行獎勵或懲罰，但這又和一般常識中犯錯時所給予的懲罰不同。自戀型媽媽給予獎勵或懲罰的標準沒有絕對的對或錯，此標準取決於女兒是否滿足媽媽的心願。若女兒滿足了媽媽的心願，媽媽就會給予獎勵；若沒有滿足媽媽的心願，則會施與懲罰。簡言之，這完全是為了滿足個人私欲的策略。

　　只有在滿足自戀型媽媽的心願並成為媽媽理想中的女兒時，女兒才能夠獲得愛與關注。女兒從媽媽那裡獲得的並非無條件的愛，而是非常有條件的愛。

女兒的幸福操控在媽媽手裡

自戀型媽媽與女兒的關係若出現衝突，媽媽就會折磨女兒直到女兒疲憊不堪。持續不斷的爭執會令女兒筋疲力盡，並忍不住說出「就照媽的意思去做吧」，如此一來，媽媽便會以溫暖的關懷來獎勵聽話的女兒。隨著此模式一再重複，女兒最終將放棄所有事情的主導權，只聽從媽媽的意見。

我和媽媽的關係也是如此。媽媽因為希望我成為老師，因此忽視我的個人意願，硬逼我就讀師範大學。剛進大學時，除了註冊費和學費之外，媽媽反常地買了春季外套給我，幫我出新生訓練的費用、主修科目的課本費用，甚至還發了零用錢。她不斷地告訴我：

「妳從現在開始，要過著往返於學校、家與圖書館的生活。妳這個人很邋遢，不太擅長保養隱形眼鏡這種東西，所以戴眼鏡就好。別穿裙子這類的衣服，一件格子襯衫跟一條牛仔褲就夠了，專心讀書。從現在開始一定要拿到全額獎學金，畢業後就要通過聘用考試開始賺錢。還有，女人要到二十六歲以後才會看人，所以等妳當上老師之後再去談戀愛。」

對年僅二十歲、剛成年的女兒而言，自然不可能聽進媽媽的這些叮嚀，於是，對世界充滿好奇的我，偷偷摸摸地穿上媽媽要我別穿的裙子，也化了妝，跟著朋友一起到處玩耍。

然而，在我發現自己不適合這所學校並宣布要休學重考，將目標轉向我真正想讀的科系後，問題便隨之而來。自那時起，媽媽每晚都會敲我的房門，大聲要我「把註冊費還來」。她威脅我若不照她的規畫去當老師，就乾脆頂著只有高中畢業的學歷過一輩子。在她的話中，我成為一個不知羞恥的女兒，讀著媽媽自己想去卻去不了的大學卻不知感激。

媽媽開始懲罰不聽話的我——她大幅減少我每個月的零用錢；當時我每天都需去學校上課，週末還要去教會當義工，因此難以在學期中找到合適的打工。她也設定了「晚上八點就要回家」的門禁，這讓我打從一開始就不可能同時兼顧課業和打工，一到晚上八點十分，我的手機就會立刻響個不停，一口氣多出三十通、五十通的未接來電。

由於媽媽給的零用錢在支付每天的通勤車費後就所剩無幾，因此我總是只能在便利商店買一包餅乾撐過一天。我為此活在極大的壓力之下，並陷入嚴重的憂鬱之中，一年

後，我的情況嚴重到不得不休學。

然而，在我有了退學的念頭並打算申請休學時，媽媽的態度反而變得和緩許多。她深怕一個不小心我就會直接退學（最後可能無法考取教師執照），而這個想法令她痛苦不堪。在我終於決定復學後，媽媽的態度便顯得戰戰兢兢，因為害怕我又再次反抗。她非常積極想要我成為老師，而我則靠著希望自己快點畢業、離開這個令人厭倦的家的念頭而咬牙苦撐。

媽媽最幸福的時刻，就是我去當實習老師的那一個月。媽媽高興得好像我已經成為正式的教師一樣，當實習老師時的花費，以及新買的套裝、實習最後一天請班上同學吃的漢堡套餐等費用，全都由媽媽支出。

回想起來，我遭受嚴厲懲罰的時刻，都不是我犯下明確失誤的時候，而是我無法滿足媽媽訂定的標準時。光是不想當老師、想要改變自己未來的職志，我就成了不懂人情世故且不懂事的孩子，必須接受各種嘲弄與譏諷。媽媽經常會徹夜在客廳裡，對著滿天神佛哭喊著：

「別人都說別花時間在忘恩負義的子女身上，而我竟然養大了這一個忘恩負義的女兒，主啊……究竟為什麼要給我這樣的考驗？」

狠狠教訓反抗的女兒

在女兒進入青春期或成年之後，便無法像過去訓誡孩子那般施予懲罰。因此自戀型媽媽通常都會使用以下四種方式：

第一，表達憤怒

一旦感到不滿意，就胡亂發洩自己的憤怒，如大叫、丟東西或破壞女兒的所有物等，也有可能實際對女兒施予暴力。如同無法控制自己的孩子躺在地板上耍賴一般。

女兒在看到這副情景之後會產生罪惡感，她們會想：「我有這麼讓媽媽傷心嗎？我有這麼讓媽媽痛苦嗎？」最後認為錯都在自己身上。

第二，讓女兒心情不好

自戀型媽媽會刻意使女兒心情不好，而最經典的方法就是刻意頻繁地提起女兒討厭的人，例如女兒的前男友或前夫等，並刻意詢問他們的消息。如果女兒討厭的朋友也住在附近，她們也可能刻意表示自己偶然遇見對方，並轉達對方的近況以折磨女兒。

第三，沉默

能與住在同一個屋簷下的其他家人若無其事地愉快相處，卻唯獨將女兒當成不存在的人。即便女兒沒有犯錯，卻會氣得像是女兒犯了滔天大錯且必須施予懲罰一般。而當這種尷尬的氣氛長期持續時，受害的女兒就會先主動靠近媽媽，說：「怎麼了？我們講開吧！」最後受委屈的自然是女兒，因為只有女兒低頭道歉才能停止這類狀態。

不過實際上女兒並沒有錯，只是沒聽從媽媽的指示，或是曾努力想達成媽媽的理想，最後卻以失敗收場而已。即便如此，女兒仍必須道歉表示自己有錯，雖然這樣的道歉只會讓女兒疑惑「自己到底做錯什麼」，並逐漸累積成未來的創傷與痛苦。

第四，經濟虐待

　　不給女兒零用錢，或是以非常吝於給予零用錢的方式使女兒痛苦，有時甚至會威脅女兒「若不照著自己說的去做，便不會將遺產留給她」。自戀者的吝嗇與實際的經濟情況沒有太大的關連，無論有沒有錢，自戀者都對他人非常吝嗇。

媽媽虛假的眼淚使女兒無法離開
作戰＃4

　　自戀型媽媽對女兒的離去抱持著極大的恐懼，且與我們一般所認知的空巢症候群不同。空巢症候群是指成年子女獨立之後，父母所感覺到的喪失感或孤獨感，但對自戀型媽媽來說，失去女兒就像將氧氣從不會自主呼吸的患者身邊奪走一般。

　　自戀者的內在充斥著空虛、自我厭惡與憤怒等負面情緒，因此他們必須不斷向身邊的人尋求認同、關注與讚美，並且需要能夠丟棄負面情緒的情緒垃圾桶。簡言之，對自戀型媽媽而言，女兒就是有如氧氣般的存在。

不過隨著女兒逐漸長大，自然會離開媽媽身邊尋求獨立，女兒可能會透過就業或結婚獨立，也可能會在自己的意願之下離開媽媽。針對不同的情況，自戀型媽媽會使用以下方式因應。

扮演受害者

如果自戀型媽媽希望將擁有出色共感能力的女兒留在身邊，並依照自己的想法做事，罪惡感就是最好的工具。只要動用罪惡感，就能夠控制女兒的情緒、反應或甚至行動。

最經典的做法就是強調自己的犧牲——自戀型媽媽會不斷強調自己為家庭做出多大的犧牲，使女兒聽了之後產生罪惡感，認為自己不聽媽媽的話就是犯了滔天大罪。她們會想著「我媽媽真的很可憐」，因此即便意識到自己所面臨的問題都是媽媽造成的，仍然無法拒絕或離開媽媽。

自戀型媽媽在強調自己的犧牲時，也會給予「照顧」，例如買衣服給女兒、準備小菜給出嫁的女兒等等。（當然，比起依照女兒的想法準備，她們更會以自己的想法為

主。）如此一來，女兒便會覺得自己真的很惡劣，確實有許多自戀型媽媽的女兒曾對我說：「妳舉的例子真的跟我媽一模一樣，不過我媽真的很辛苦，她真的過得很苦。」

然而，仔細想想，在我們父母所處的世代，真的有人從來沒遭受過性別歧視、沒受過傷或沒遇過任何困難嗎？就算是生長在更進步的世代的我們，究竟有多少人不曾在學生時期被欺負、霸凌，又有多少在家庭的關愛之下長大，且從來不曾在社會上遭遇任何的不當對待？

況且，就算我們在成長過程中被父母痛打，也不代表能夠痛打自己的子女；就算我們曾被父母性虐待，也不代表就能夠性虐待自己的子女。看不見的情緒虐待也一樣——我們不能因為自己是受害者，就使自己化身成受害者的行為正當化。

被孤立的女兒

自戀型媽媽的特徵，就是會一直說身邊的人的壞話。她們會不停對女兒抱怨無能的老公讓自己多痛苦、爸爸的親人有多瞧不起自己且多愛挑撥離間、奶奶是個多麼無知且

沒有常識的老人、嬸嬸有多像狐狸精又有多不要臉等等。不斷接收這些訊息的女兒，自然會覺得媽媽非常可憐。

某次我媽在社區裡遇見我摯友的媽媽後，便氣憤難平地來跟我說：「那個女人一直追問我最近在做什麼，我隨便搪塞她一下，沒想到她竟然酸我。」

儘管這件事情與我無關，但在聽完媽媽的描述之後，我竟然也開始在心中埋怨起朋友，並與對方漸行漸遠。

就如同我的遭遇，許多聽媽媽講別人閒話的女兒，也會不知不覺對欺負媽媽的人（可能是爸爸、老公、親戚或鄰居等）產生抗拒感，而如此一來，女兒便會逐漸疏遠身邊的人並陷入孤立狀態。最後留在女兒身邊的就只會有媽媽一人，使得女兒只能完全依賴媽媽。

妨礙女兒經濟獨立

自戀型媽媽通常會以兩種方法妨礙女兒經濟獨立，第一個方法是乾脆讓其無法擁有經濟能力。媽媽會對成年後想認真做點什麼的女兒說：「妳不需要賺錢。」或在女兒有重要考試或面試時，刻意造成阻礙，例如持續占用女兒的時間，或想辦法令女兒無法專注。

一旦女兒到了三十多歲或四十歲依舊沒有獨立賺錢的經濟能力，就永遠無法擺脫虐待自己的自戀型媽媽，因為其獨立的能力已經被剝奪。自戀型媽媽不會讓女兒學習、有一份像樣的工作，並進而開拓自己的人生，她們會妨礙女兒與朋友見面、談戀愛，想盡辦法阻止女兒去探索更廣大的世界，同時也會不斷強迫女兒照顧父母或家庭。

第二個方法則是盡快讓女兒擁有經濟能力，再將女兒賺的錢全部拿走。如果女兒在存研究所學費、房子押金或結婚基金，自戀型媽媽不僅不會稱讚女兒，反而會將女兒看成背叛者。她們可能會在女兒面前不斷要求女兒更換家具、送自己去旅行、補貼弟妹的補習費……用各式各樣的藉口不斷把錢掏空。她們會想要掌握女兒的發薪日和薪資，也會用女兒的名字申請信用卡來使用。

對女兒來說，滿足自戀型媽媽的方法就是乾脆將薪資帳戶交給媽媽管理，自己再每個月從中領取微薄的零用錢。自戀型媽媽比任何人都清楚金錢的力量，也知道只要女兒手上握有多餘的金錢，便總有一天會離開自己。因此在發薪日前，她們會一直打電話到公司或傳訊息給女兒，直到女兒下班回家入睡之前，都會不斷重複同樣的話來折磨女兒。

自戀型媽媽不會允許女兒擁有理想的職業，也不會讓女兒在工作上盡情擁有夢想。即便子女在公司遇到不公不義的事，或因不正常的上司而痛苦，她們都會要女兒堅持並克服這一切。當女兒因為太過痛苦而辭職，就會成為全世界最懦弱、沒有任何用處的人。

妨礙女兒結婚

媽媽對主要扮演犧牲品的女兒經常使用的手段之一，就是妨礙女兒談戀愛和結婚。自戀型媽媽在女兒成年之前，會不斷灌輸「男人很危險」的觀念，洗腦女兒一輩子待在媽媽身邊比結婚更幸福也更安全。即使已經到了適婚年齡

的女兒，在下班後跟朋友去喝杯茶轉換一下心情，媽媽都會不停打電話給女兒，追問女兒跟誰見面、人在哪裡、在做什麼或什麼時候回家等。

如果女兒說要談戀愛或結婚，想把對象介紹給媽媽認識，媽媽便會變本加厲地阻撓。她們會在女兒面前批評男友，或刻意將女兒羞恥的過去、過去的交往對象等事情洩漏給現任男友知道。

重新抓牢發現自己真面目的女兒

有時女兒會以特定事件為契機，決定要開始跟媽媽保持距離或與媽媽切割，但媽媽很清楚要怎麼做，才能讓離開的女兒重回自己身邊——這種將嘗試逃跑的受害者重新喚回自己身邊的虐待者行為，稱為「胡佛」（Hoovering）。「胡佛」（Hoover）是一款真空吸塵器的品牌名稱，而由於將逃跑的被害者重新拉回身邊，就像真空吸塵器將灰塵吸入集塵盒一樣，故衍生出這個名詞。

「胡佛」之所以有效，是因為女兒有出色的同理能力、強大的利他心與同情心。脫離媽媽的女兒會受罪惡感、憤怒、不安與悔恨等負面情緒席捲，在此狀態下施以強大的「胡佛」，能將女兒的決心瞬間破滅。施展「胡佛」的例子如下：

第一，假裝自己是好人

讓女兒想起過去的美好回憶。自戀型媽媽會突然說些「照顧孩子很辛苦吧」或「讀書很辛苦吧」等的話，假裝自己很擔心女兒。同時也想藉此提醒女兒，自己才是唯一會擔心她的人，也會不斷說要拿東西給女兒，以此為藉口經常與女兒見面。

第二，假裝自己有所改變

「我接受了心理諮商（或讀了某些書），原來我是因為自己小時候遭遇了痛苦或創傷，才會對子女做出這種行為。我都不知道，所以以前才會那樣對妳。」

這是許多自戀者使用的經典手法，但其實這種告白只是想讓女兒產生罪惡感的謊言。女兒會因此懷抱希望並努力想再次建立良好關係，但這種情況絕對無法持久。

第三，說謊

自戀型媽媽會說明女兒對自己而言有多重要，不過一旦女兒和媽媽重新建立關係後，就會知道真相跟媽媽講的完全不一樣，媽媽絲毫不覺得自己很重要。當初為了重新喚回逃跑的女兒所說的話都是謊言，時間一久，女兒會漸漸明白媽媽究竟是如何看待自己。

第四，利用悲劇

利用特定意外、家裡發生不好的事、生病等悲劇，刺激被害者的罪惡感。自戀型媽媽可能會拍下自己被救護車送去急診室或打點滴的照片傳給女兒，也可能會意圖輕生引發騷動。一輩子都在照顧媽媽的情緒、收拾善後的女兒聽到這種事情，只能無可奈何地去找媽媽並努力嘗試解決問題，最後情況便會回到過去。

第五，威脅

自戀型媽媽可能會採用物理上的施暴威脅，或是毀壞手機、衣服等女兒重視的東西，部分認為自己被女兒背叛的媽媽，還可能做出比這些更駭人聽聞的事情——針對躲著自己的女兒向警方申報失蹤，甚至跑到女兒工作的場所引發騷動；嚴重時更可能將女兒監禁在家，或取得家人同意而強制將女兒送去精神病院。

第六，運用「飛猴」

自戀型媽媽會派「飛猴」去接觸斷絕聯繫、專注於自我療癒的女兒，「飛猴」可能是爸爸也可能是手足或親戚。接獲媽媽的指示前來接觸女兒的「飛猴」，會觀察女兒的動向並說服女兒重新回到媽媽身邊。這時，絕對不能給「飛猴」太多訊息，因為所有的訊息都會完整地轉達給媽媽，對「飛猴」明確地表達拒絕是較好的做法。

竟敢離開我？

　　整理了與媽媽的關係之後，無論女兒處在何種情況都絕對不能回到過去，因為媽媽會對曾經離開自己的女兒施以極大的懲罰。儘管她們在進行「胡佛」時，都會表現得像是已經洗心革面，卻會在未來大力地批評表示「這都是妳的錯」。無法在「胡佛」階段擺脫媽媽的女兒，會遭受比過去更嚴重的虐待。

事件的重新解構

夏天的療癒課題

3

　　許多受傷的女兒，會因為面對過去的事件和創傷太過痛苦，而乾脆掩埋真相，努力忘記一切。不過傷口就像彈簧，越是用力壓抑，就會彈得越高。

　　不再壓抑記憶並完整地感受自己的情緒，才能夠真正被治癒。自己仔細檢視過去的創傷，並客觀地重新詮釋過去的事件，就能夠領悟到虐待者隱藏的意圖。但是光是如此仍無法解決問題，因為除了痛苦與憤怒之外，我們還必須戰勝罪惡感與錯誤的責任感等眾多情緒。

　　人都有自己的思考濾鏡，可惜的是，有一個自戀型媽媽的我們，那個思考濾鏡就是媽媽。所以從現在開始，我們需要換上屬於自己的思考濾鏡。

把持續在腦中縈繞的事情拿出來檢視，妳或許會痛哭失聲，也或許會被憤怒吞噬。因此，比起自己一個人進行這個過程，我更推薦各位在專業的心理諮商師的陪同下進行，但如果有時間或經濟方面的問題而只能自己解決，也可以使用以下的工具：

請參考下一頁，將腦海中想到的內容寫下來。從最近的事情開始依序往過去回想，從最強烈的創傷開始，再回想起較小且記憶較模糊的回憶。不一定要用手寫下來，也可以寫在部落格並設成不公開貼文（或用錄音機錄下來，也能以不公開長相的方式拍成影片上傳到YouTube）。

這個過程絕對不愉快也不有趣，但是我們必須表達過去感受到的情緒，並再一次地感受那份痛苦，這其中絕對有值得我們這麼做的價值。因為唯有這麼做，才能夠徹底清除創傷，也才能夠釋放潛藏在心中的創傷。

創傷 No.

1. 發生了什麼事？
寫下對我現在的人生造成影響的創傷事件或對我的批評。

2. 虐待者是帶著何種目的而做出這種行為或說出這種話？
參考第三章的內容，找出虐待者的意圖。

3. 我有什麼感覺？
參考下一頁的「情緒輪盤」，定義並撫慰自己的情緒。

4. 重新看待整起事件。
當時的虐待、批評或煤氣燈效應，對我現在的人生造成何種影響？

▶ 若沒有這些虐待、批評或煤氣燈效應，我會變成怎樣的人？
我會有怎樣的心情？

▶ 虐待者想隱瞞的真實是什麼？

▶ 我實際上是個怎樣的人？我是個怎樣的存在？

［範例］自戀者不會詢問或了解被害者的情緒，因此請自己定義並安撫自己當時感受到的情緒吧！參考以下的「情緒提問」，找出當時感受到的情緒。在同一起事件裡，很有可能同時感受到多種情緒。

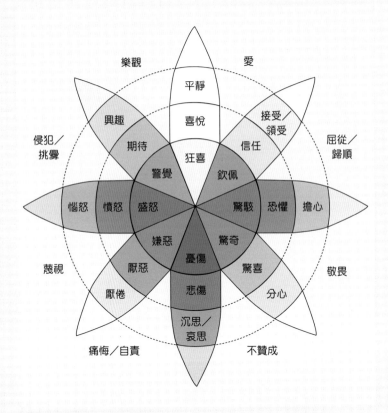

羅伯特・普拉奇克（Robert Plutchik）的情緒輪盤

1. 發生了什麼事？

　　小學三年級時曾流行過一種髮帶，是一種上頭黏著假髮的產品。當時舅媽送了我三個髮帶，而我因為從來沒拿過這種流行的東西而感到非常興奮，逢年過節回奶奶家時就會戴上髮帶。

　　連假結束回家那天，媽媽拉著我坐到一邊，要我將那些髮帶全部送給堂姊們。我堅持不肯，但媽媽強硬地要求我聽話，並表示我若將髮帶送給堂姊們，回首爾她就會再買新的給我，不過我知道媽媽不可能遵守約定。最後她還是將我的髮帶搶走並拿去送給堂姊們，而我只能空手而歸。

　　我一整天都很消沉，晚上邊哭邊寫日記，最後哭到睡著。我在日記上寫著「媽媽不像我的親生媽媽」，我非常難過。但媽媽看到我這個樣子，卻責怪我連一個髮帶都不願意讓給住在鄉下的堂姊們，她說我是個自私的孩子，並表示她對我非常失望。如我所想，她最後並沒有買新的髮帶給我。

2. 虐待者是帶著何種目的而做出這種行為或說出這種話？

媽媽隱藏自己隨意搶走女兒重要物品的虐待事實，反過來指責受害的女兒很壞、很自私，這是為了讓女兒有罪惡感。

3. 我有什麼感覺？

我感到很混亂——想要保留舅媽送給我的物品，難道是一件壞事嗎？在不該被罵的事情上挨罵，一方面讓我感到很委屈，另一方面也很自責。我開始覺得自己是不是太過貪心，都沒有為堂姊們著想。

4. 重新看待整起事件。

▶ 當時的虐待、批評或煤氣燈效應，對我現在的人生造成何種影響？

我無法將好的東西留在身邊，總會被媽媽拿去送給其他家人或朋友，而這樣的習慣也延續到我的孩子出生之後——我會把收到的可愛衣服留下來保管好，等到身邊有人生小孩時再分送出去。

▶若沒有這些虐待、批評或煤氣燈效應，我會變成怎樣的人？
我會有怎樣的心情？

　　我會成為一個能理直氣壯地主張並照顧自己權利
的人，或許也能更有智慧且愉快地度過學校生活和
職場生活。

▶虐待者想隱瞞的真實是什麼？

　　不為他人著想，最自私的人其實是媽媽。

▶我實際上是個怎樣的人？我是個怎樣的存在？

　　我不是個自私或不為他人著想的人，我有一顆溫
暖的心，懂得同理他人的痛苦。

第四章

愛情與事業都亂成一團的女兒

無法照顧好自己的女兒

　　仔細想想，我總是無法好好對他人表達自己的想法，總是期待對方能夠自己發現。同時我也會以完全相反的態度去面對他人，即使自己不願意，也無法拒絕他人提出的要求。究竟為什麼我總是如此畏縮，無法好好地為自己發聲呢？

　　在髮廊剪了不滿意的髮型、在公司遭受不正當的對待，或沒能拿到應有的報酬時，我都無法主張自己的權利。我總是希望對方能夠自己察覺、主動修正錯誤或給予我補償。許多像我這樣擁有自戀型媽媽的女兒，都無法大方地向身邊的人提出自己的要求。

無法請求協助的女兒

　　女兒在進入學校或社會之後，會難以為自己發聲及主張個人權利的原因是為什麼呢？正是因為過去在向父母提出請求時，總會被拒絕或虐待所致。因為自戀型父母在子女提出需求時，會加強批評的力道。

　　很明顯地，年幼的孩子無法獨自處理所有的事情，像是睡覺、吃飯、穿衣、洗漱、排泄與玩樂等事都需要協助。在健康的家庭中，父母會適當地滿足孩子的需求，並在其成長的過程中，教導孩子獨立解決問題或尋求周遭的協助。然而，自戀型媽媽卻會嫌棄子女有多不成熟、多令人失望或多令她們感到困擾。

　　她們會一邊幫七歲的女兒洗頭髮，一邊抱怨說「連自己洗頭都不會，真是讓人失望」，或對還是學生、沒有經濟能力的女兒說「都是因為妳，我們家才會這麼窮」，並刻意不購買必要的上學用品。即使女兒長大成人，她們的這種態度仍會持續，甚至還有可能在女兒產後需要坐月子時，刻意過分地挖苦女兒。

我也遇過類似的情況。過去我在提出合理的需求時，總會遭受媽媽無情的攻擊。大學畢業之後，我曾到外縣市工作一個月，當時爸爸與我一起帶著行李去搭公車前往巴士客運站，而我在家門前的公車站等車時，突然想起手機忘在家裡沒有拿出來。由於我們是算好時間才出來，因此沒有時間折返，於是我便用爸爸的手機打電話給在家休息的媽媽，問她能不能幫忙把手機拿到家門前的公車站，但媽媽卻立刻暴跳如雷。

　　「妳怎麼這麼心不在焉？還不給我清醒一點嗎？每次都要這樣丟三落四，我為什麼要幫妳送去？我不管，妳自己看著辦！」

　　因為我必須準時搭上那班車，所以只好盡量配合媽媽的心情，請求她把手機拿來給我，但我越是懇切地求她，她就越是憤怒。連停下五分鐘聽我說話都不願意的媽媽，最後怒氣沖沖地將電話掛上了。我到外地工作不僅無法獲得家人的支持與鼓勵，甚至只引來了批評與怒火。最後是爸爸回家之後，再用宅配將手機寄來給我。

　　這類的經驗一多，有自戀型父母的子女就會學到，提出任何要求都可能使自己遭殃，因此也漸漸地不再向他人請求協助。

只顧自己就是自私

自戀型媽媽的女兒在需要什麼的時候，會覺得渴望擁有那些東西的自己非常自私，因為小時候每當自己需要某些物品時，便會被媽媽批評自私，而那些記憶即便在長大之後仍會深深影響著自己。

小時候我和弟弟上同一所小學，因此郊遊的日子總是錯開——那所小學是以先讓一、三、五年級去，隔天再換二、四、六年級去的方式舉辦郊遊。而在郊遊那天，學校會請家長為孩子們準備紫菜飯捲和兩、三種零食，然而在郊遊回來之後，我總是得跪在媽媽面前被她痛罵，原因是我沒有留下要給弟弟的零食。

「媽媽以前去郊遊的時候，都會想盡辦法要給家裡的弟妹留零食，每次都捨不得吃，把零食留下來帶回家。妳怎麼都不會想到弟弟？怎麼當了姊姊之後就變得這麼自私，凡事都只想到自己？」

我一方面會委屈地想「我都是在零用錢可購買的範圍內，挑選最便宜的點心」，另一方面也開始覺得自己真的很自私，竟然只照顧到自己的需求，沒有為別人著想。

因此每當學校或教會分送點心，或是要擔任任何職位時，我總會站到最後面等別人先選，等所有小孩都拿到自己的份之後，我才會走到前面去拿最後剩下的那一份。因為我覺得自己如果搶先去領自己的那一份，好像就真的變成「不懂得禮讓的自私小孩」。

自戀型媽媽的女兒在追求基本的需求，或是享受理所當然的幸福、情緒支持、經濟穩定或健康時都會產生罪惡感。吃到美食、外出度假或出門盡情購物時，都會感覺自己是個自私自利的人。

不知道自己想要什麼的女兒

需求總是被媽媽徹底忽視的女兒，完全無法掌握自己究竟想要什麼。（如果喊肚子餓卻總是被忽視，就會逐漸失去飢餓的感覺，更有可能因為這樣乾脆拒絕進食。）

觀察這類女兒的衣櫃或梳妝檯，會發現上頭總是空盪盪

的，就像是追求極簡生活的人一般。有個自戀型媽媽的女兒，在了解極簡生活的概念之前，就已經學會只購買最低限度的生活必需品了。

我在長大成人之後，也不曾自己買過昂貴的化妝品或包包。上班時用的保養品，都只是在路邊買的，也從來沒用過眼霜或化妝水之類的東西；就連唇膏這類的消耗品，也一定會一支用到底，如果不小心弄丟才會去買新的。

我成為一個甚至無法照顧自己最基本需求的人。生病時不會去醫院，而會自己一個人忍著；即使需要購買特定的東西，也會想盡辦法咬牙忍著不去買；在炎熱的夏天出門時甚至不會買水來喝，而會努力忍著口渴並撐到回家。

那麼，我都在照顧誰？

　　自戀型媽媽的女兒從小就在照顧媽媽，因此許多女兒絲毫不會注意自己想要什麼，只會不斷地滿足媽媽的需求，另一方面也期待媽媽可以主動發現並滿足自己的需求。

　　不過女兒的這些期待總會落空。當女兒面臨困境時，會發現媽媽不但不會幫助自己，甚至有可能刻意疏遠自己──因為意外失業而沒有收入的時候、生了小孩要坐月子的時候、住院需要有人幫忙照看年幼子女的時候……每當迫切需要他人的協助時，媽媽的態度總會有一百八十度的大轉變。直到感覺自己彷彿被獨自丟在沙漠中央時，女兒才會開始發覺不對勁。

我必須完美！

　　我所認識的這類女兒，每個人都對自己不滿意，她們都認為自己應該要成為更棒的人，並且不斷為此鞭策自己，她們會為了改變「不好的自己」而拚命減肥、做醫美、考證照或在社會上獲得成功。

　　當然，有些人在此過程中獲得了有意義的成果，卻仍會不時感到不安且焦慮。在進入好大學後，也會不安地想：「我應該是因為電腦出錯才會被分發來這裡，要是被別人發現怎麼辦？」遇見好男人時也會擔心：「我長得這麼醜，對方肯定很快就會膩了……」

　　無論如何努力，負面的情緒都無法輕易消失，但我們為什麼要汲汲營營於使自己變得完美？為什麼我們不能承

認、接受並愛著自己原本的樣子？

我不是個讓人失望的人！我要證明這件事！

作為犧牲品長大的女兒，內心會充斥著對自己的負面訊息：

「妳什麼都不懂，憑什麼在那大放厥詞？」

「妳怎麼敢發表意見？」

「妳竟敢拿姊姊跟自己比？」

「妳從小到大都長得很醜。」

「妳對每件事都很有意見。」

「妳懂什麼？」

這類的女兒為了證明自己不是那麼令人失望、沒用的存在，便會成為一個過度追求成就的人，她們會努力證明媽媽所說的那些負面評論不是真的。

過度追求成就，使她們像是失去控制而向前暴衝的火車，無法停下來回頭看看。她們不知道該往哪個方向前進，而只會一個勁地向前、全力奔跑直到燃料用盡，並在某一刻突然停在某個不知名的地方。

從小被父母批評外貌的女兒，會在長大成人後在心裡告訴自己：「我沒有像媽媽說的那麼醜！」她們會努力想證明媽媽的想法是錯誤的，並因此每天吃相當於鳥飼料分量的飯、每天做仰臥起坐兩百次，並且勤於保養皮膚。她們會不斷逼迫自己，並執著於無法掌握的「外貌」。

會被小石頭絆倒的女兒

有人會說：「這樣的結果很好啊！變漂亮、變瘦、進入好大學，又有一個好工作不好嗎？」

但過度追求成就的女兒就像陳列在展間的鎧甲，外表看起來非常堅固，內在卻空空如也，就算只是被一顆小石頭絆倒，外強中乾的鎧甲也會瞬間解體。就像是一顆過度膨脹的氣球，乍看之下非常巨大，但只要用一根小小的樹枝刺下去，氣球就會瞬間爆開。

假設現在女兒為了證明「我不是笨蛋」而努力準備公務員考試，卻在努力多年後仍持續落榜會怎麼樣呢？縱使每個人都可能落榜，但有個自戀型媽媽的女兒在連續落榜多次之後，便會立刻承認多年來自己所承受的那些負面訊息

都是真的。

　　她們會想著：「對，像我這種人不管怎麼努力都沒用，我的人生就到此為止了。」對過度追求成就的女兒而言，她們必須承受比實際失敗更巨大的挫折與打擊。她們所面臨的失敗，並非是像「拍拍身上的灰塵後再站起來繼續努力」就好的事，而是自己拚命「想否定的事情原來是事實」的可怕時刻。

人人都可以失敗！

　　我想跟與負面訊息對抗且過度追求成就的女兒們說一個故事，是有關我同學多蕙和我的故事。

　　多蕙成長的過程中獲得父母充分的愛與支持，她在國中三年級時準備考外語高中，因此每天都要背上百個單字，就連睡覺的時候也會放英文錄音帶來聽，真的很認真。然而，多蕙最後並沒有考上外語高中。我原以為她會很挫折，沒想到在接獲落榜通知的隔天，多蕙就轉而開始讀數學公式書，並提前預習高中的數學內容。

　　多蕙後來進入以人文科系為主的高中，並決定以醫學院

為目標，她依照計畫在高二時選擇理組，並努力朝著自己的目標努力。可惜的是多蕙並沒有考上醫學院，但她仍然考上了知名大學的理工科系。那時多蕙跟我說：

「我的夢想是成為醫學院教授，但我的成績無法進醫學院，這也沒辦法。我考上的這所大學與科系是韓國的頂尖科系，因此我要在這裡好好學習知識，以後能成為這個系所的教授就好了！」

多蕙非常認真且過著非常愉快的大學生活，二十多歲的她，也依照自己的規畫到美國去留學。她的人生中一直有一些小小的挫折和失敗，不過每次遭遇挫折與失敗時，她總會拍拍自己身上的灰塵，彷彿不曾跌倒一般堅定地尋找新的方法並繼續前進。

而我的情況卻與多蕙相反。我當時也沒考上理想的大學，但我不是只有難過而已，而是陷入了重度的憂鬱感、挫折感與挫敗感當中，幾乎無法打理自己的日常生活。無論經歷怎樣的失敗，我都會比任何人更怨恨這個世界，有種彷彿整個世界崩塌一般的挫折感。

我一旦陷入泥淖當中，就必須花很多時間才能爬出來，因為我還必須對抗一輩子如芒刺在背的大量負面訊息；如果我失敗了，就會證明那些負面訊息都是對的。崩潰的我

會把自己關在房裡好一段時間,並在充好電之後繼續向前奔跑,接著在遭遇失敗後再次挫折、徘徊,等恢復後再度展開毫無意義的狂奔。

平凡一點也沒關係

速度稍微慢一點、眼界稍微小一點又怎麼樣呢?讓我們好好感謝自己還能用雙腿前進,還能夠用雙眼看世界吧!沒能找到人人稱羨的好工作又怎麼樣呢?讓我們好好感謝自己還有工作能做,還能夠在經濟上負擔起自己該負擔的部分吧!

過得平凡一點也沒關係,即使自己的成就無法和別人相比也沒關係,接受、承認並愛護自己擁有的一切吧!好好照顧並帶領這樣的自己吧!這樣就夠了。這段時間,各位已經做到很多事情,也非常努力地撐過來了。我們不必再證明自己的價值了,從現在起,請暫時停止這種毫無意義的狂奔吧!

陷入絕望泥淖的女兒

　　有些女兒們不會過度追求成就，而會選擇恰巧相反的自我放任，但目的都只是想證明「媽媽錯了」。

　　選擇自我放任的女兒會什麼都不做、讓自己成為失敗者，遇到較為費力的事情也會輕易放棄，並且容易沉迷於酒精跟遊戲。

　　假如自戀型媽媽灌輸女兒「到家附近的公家機關上班，這個工作很適合妳，上大學只是浪費錢」的觀念，過度追求成就的女兒會為了證明媽媽是錯的，咬牙拚命地讀書以證明自己的能力。但自我放任型的女兒在收到這樣的訊息後，會整天躺在房間裡玩手機、無所事事，以放棄自我的極端方式，證明自己無法成為媽媽理想中的那種人。

想遠離負面訊息的女兒

自我放任型的女兒經常無法好好發揮自己的能力，因為她們會在關鍵時刻失去自信並提前放棄努力，而她們也認為自己沒有價值及能力，腦裡充斥著大量的負面訊息。

例如在聽到「妳從小到大都很醜……妳長得像爸爸，頭又大、個子又矮，真是可惜」這類的話時，她們會乾脆放棄打理自己的外表。她們也不照鏡子，絲毫不關心化妝、髮型與漂亮衣服等話題。

不僅是外表，就連學業、就業與戀愛等其他層面的事情，她們也會無力地認為自己沒有任何用處。當同齡的朋友都考上大學、準備就業、談戀愛或結婚……逐漸邁向人生的不同階段時，自我放任型的女兒會抱持著「我打從一開始就無法跨越這些障礙」的想法，並在人生的不同關卡間猶豫不前；她們也可能從事一份遠遠比不上個人能力的工作，在必須面對挑戰的關鍵時刻猶豫並選擇放棄。

為了向媽媽復仇而賭上人生的女兒

自我放任型的女兒可能會拒絕上大學，成年後也可能會拒絕就業，她們可能因為厭食症而體弱多病，也可能有過度肥胖的問題，總之她們的人生會變得一團糟。

女兒心裡可能會高興地想：「親戚朋友看到媽媽時會說什麼？」「教會的人知道我變成這樣，會讓媽媽多丟臉、多慌張？」「大家會不會笑她擺出一副很了不起的樣子，卻連孩子都教不好？」

一如女兒所預期的，自戀型媽媽會開始變得戰戰兢兢，擔心女兒的行為會影響周遭親友看待自己的目光，並且更加疏遠無法維護媽媽體面的女兒。即使女兒的健康或經濟方面出問題，她也不會出手相助，使得自我放任型的女兒與媽媽陷入一場兩敗俱傷的爭鬥之中。

克服負面訊息

有些女兒的人生花費了大部分的時間進行自我防衛，有些女兒的人生則花費了大部分的時間追求過度的成就。即使是過度追求成就型的女兒，在失敗時也會陷入絕望之中，進而成為自我防衛型，並在經過一段時間後以特定事件為契機，恢復成過度追求成就型。

過去我也曾為了證明自己的價值，花費了大多數的人生「過度追求成就」，期間在遭遇重大失敗或面臨困難時便會產生自殺的衝動，甚至還會把自己關在房間裡與世隔絕，成為無法從事任何生產活動的「自我放棄型」。

無論各位過去與現在過著何種生活，造就這一切的原因，就是自戀型父母持續灌輸的那些負面訊息，我們要做的事就是客觀地看待內在的負面訊息，並將其重新修正。

發現媽媽隱藏的真相

我的頻道的訂閱者當中，有人曾留言說自己因為太矮、太醜而感到非常自卑，她長時間遭受媽媽的批評與貶低，並被媽媽以煤氣燈效應操縱。在不久之後，她鼓起勇氣公開了自己的照片，看了那張照片之後，包括我在內的眾多訂閱成員都大吃一驚，因為照片中的她就像剛盛開的玫瑰一般，非常美麗，且散發著動人的光彩。

「妳是比妳媽媽更耀眼且燦爛的存在，因此媽媽才會想一直貶低妳。」當貶低的對象越聰明、越好或越出色，自戀者就越容易對其感到不愉快。我們不需要阻止自戀者，只需要回顧自己現有的成就，並好好安慰辛苦的自己。不要拚命把自己逼入死巷，從容地享受人生的喜悅吧！

無緣遇到好父母的女兒，
為何也無緣遇到好老公

　　曾有人說過：「無緣遇到好父母的人，也無緣遇到好老公。」遺憾的是，許多遭受自戀型父母虐待的女兒，確實也較容易再度遇上另一位施虐者並與其結婚，並在子女出生之後，再度看著自己的子女遭受同樣的虐待，使得問題一代接著一代地傳承。

　　妳是否也難以維持穩定的關係？這是因為妳在人際關係當中，不停重複套用妳與媽媽之間的相處模式。在第四章與第五章當中，我們要來看看與媽媽之間的關係，會如何影響女兒的戀愛。

照顧成癮者

有個自戀型媽媽的女兒，會花費其幼年期、青年期與成年初期的時間照顧媽媽，因為她們相信唯有照顧別人，自己存在的價值才能獲得認可。比起健康與容易感到幸福的人，她們總會被有缺失或需要被擁抱的人吸引。她們會拒絕懂得尊重自己且能維繫健康戀愛關係的男性，而去選擇無論如何努力照顧與關心都無法滿足的男性，並花上一輩子的時間滿足對方。

這類女兒會將自己當成平岡公主[3]，盡心盡力地照顧面臨問題的戀人。因為相信對方總有一天會改變並回過頭來照顧自己，於是她們會將所有的精力傾注在戀人身上。她們會借錢給流連於聲色場所、信用不良的男人，也會想盡辦法喚醒沉迷於遊戲的男人，並到處拜託認識的人給他一個工作機會。

令人驚訝的是，這些男人都像是同一個模子刻出來的，他們從來不曾如預期般感激這些為自己犧牲奉獻的女人。他們也不會改變自己的行為，而會持續不斷地劈腿或酗

3　高句麗時代的公主，嫁給傻子溫達並盡心盡力地照顧他。

酒。當這些女子盡心盡力地照顧其老公與子女,卻因為生病或失業而需暫時休息一段時間時,這類男子不僅不會安慰她們,甚至還會給她們臉色看。自私的他們不可能報答女子們的奉獻,反而會將自己的憤怒、不安與自我厭惡全都發洩在對方身上。

習慣性照顧他人的這類女子,無法離開虐待自己的男人,她們會不斷合理化並嘗試理解男人的自我中心,並為了照顧對方的情緒而疲於奔命。每當男人出了什麼問題,她們就會出面代為解決。透過照顧他人來確認自我價值的她們,完全無法脫離這段不健康的關係。

總是摧毀女兒界線的媽媽

何謂界線?就是能夠保護自己的安全,且不受包括虐待者等他人影響的空間。我們有在身體與性方面與他人保持距離的外在界線,也有保護個人情緒、想法與行為的內在界線,這些界線能夠保護我們免受他人的肢體暴力或性暴力,並保護自己不受他人操縱與控制。

然而，自戀型媽媽會不斷摧毀女兒設下的界線，她們渴望了解女兒的一舉一動。讀大學的女兒會如何安排課表、空堂時間都在做些什麼、下課後是跟誰見面等……都必須在她們的掌控之中。她們會過度管控女兒的回家時間，並找許多藉口妨礙女兒跟朋友見面、從事戶外活動或談戀愛。

　　除了控制女兒的時間之外，自戀型媽媽還會將所有寄給女兒的信件與包裹拆開，甚至會到女兒的房間翻看女兒的日記或筆記，主張兩人之間不能有任何祕密。也有些自戀型媽媽會在女兒就業之後，開始管理女兒的銀行帳戶和密碼，每個月只給女兒一點零用錢。如果女兒拒絕並嘗試維持自己的私人領域，她們就會想辦法讓女兒產生罪惡感，或責罵女兒並持續侵犯其私人空間。

總被忽視的女兒

　　可惜的是，自戀型父母的子女不懂得如何設定健康的界線，因為她們也沒能從父母那裡學會如何設定健康的界線。當有人虐待並忽視自己時，她們不知道該怎麼做才能保護自己；當有人入侵自己的界線時，唯一能做的事情，就是在事過境遷之後回想或默默承受這整件事。

　　當女兒遭受他人虐待時，自戀型媽媽也不會保護女兒。許多有自戀型媽媽的女兒，經常會在成長過程中遭受父親、哥哥或其他男性親戚的性騷擾與性侵犯，而自戀型媽媽則會對遭受性暴力的女兒施以二次虐待，即便事發當下就得知女兒遭受虐待，她們也會假裝不知情。就算女兒鼓起勇氣說出事實，她們也會扯開話題或認為女兒小題大作。

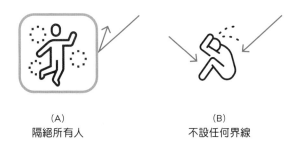

（Ａ）
隔絕所有人

（Ｂ）
不設任何界線

不健康的極端界線*

被孤立或是被虐待

沒能從父母那裡學會如何建立健康界線的女兒，可能會建立非常極端的界線。

女兒可能會像上圖的（Ａ）一般，乾脆切斷自己與外界的聯繫，如此雖能保護自己不受虐待者傷害，卻也無法跟他人建立親密關係。同時，與周遭親友保持距離，也容易提升其受他人虐待的可能性。

或者她們也有可能會像（Ｂ）一般，完全不設任何界線，或是有部分界線不夠完整，這會使她們無法抵抗他人不適當的行為，並全盤接受一切。在如此情況下，她們會持續被朋友或戀人虐待，並無力地默許這些事發生。

狼前虎後的女兒

　不健康的界線，會在兩種層面中影響女兒的戀愛。一種是排斥健康的男性——所謂健康的男性，是會遵守女兒的界線，並尊重女兒意願的男性。這樣的男性若對女兒表示好感，女兒會以非常消極的態度回應，使得對方認為「這個人不太喜歡我」，並尊重其意願而離開。

　相反地，自戀的男性會不尊重女兒的界線或意願，他們會隨時聯絡女兒，並且一一檢查她們手機裡的訊息，干涉她們跟誰見面等事……他們會經常入侵女兒的界線，而沒有學過如何拒絕他人入侵界線的女兒，也只能默默地承受這一切。

　一輩子都在照顧媽媽的女兒，對虐待者而言是非常迷人的對象，因為這類女兒有著出色的同理能力、利他心與同情心。她們也有著極大的耐心，可以在一般人肯定早就逃離的家庭裡，扮演著核心角色並照顧家庭。虐待者在決定目標時，會測試對方的耐心或同理能力，而一輩子都在照顧媽媽的女兒，立刻就能通過這項測試。

　試想以鍋子蒸馬鈴薯的情景，當我們拿著筷子去戳鍋裡的馬鈴薯，很快便能知道哪一顆馬鈴薯已經熟透了。同樣

地，虐待者就像是拿著筷子去戳馬鈴薯一般，他們在人群中徘徊、觀望並試探每一個人，以此方式找尋適合自己的目標。懂得建立健康界線的人，能夠適當地防禦虐待者的攻擊，但有自戀型媽媽的女兒並不擅於為自己發聲，因此即使有人入侵自己的界線，她們也只會默默承受，而虐待者自然很快就能察覺這一點。

女兒的執著令男人疲憊不堪

自戀型媽媽的女兒在面對戀愛時，經常會對戀人過度執著，或展現強大的控制欲。當男友與公司中的異性相處時，她們會立刻繃緊神經，在男友去參加公司聚餐時狂打電話使男友感到緊張；當男友與其他異性傳簡訊時，她們也可能會突然將手機搶過來，並自作主張地警告對方：「這個人有女友了，以後別再跟他聯絡！」

男友若基於特定因素而無法接電話，或沒有回覆訊息，她們便會感到不安並不斷聯繫男友，因為她們分分秒秒都想感受到男友的存在和愛意。一旦覺得自己被戀人拒絕了，就會反過來批判自己。

女兒是逃避依附型人格

沒有自主生存能力的小孩，必須依靠能夠照顧與保護自己的養育者。一般而言，小孩依照其所處的環境與照顧的水準而發展出不同的生存策略。

這樣的生存策略稱為依附理論，此理論最早由英國的精神分析師約翰・鮑比（John Bowlby）首度提出，目前也已經有諸多論文和書籍在探討相關的內容。鮑比認為幼年時期形成的依附類型，會對其未來的人生帶來影響，也就是說，我們在成年之後與談戀愛時會做出何種行為，其實早就已經設定好了。

依附類型*

依附類型大致可分為安全型依附、逃避型依附與焦慮型依附（焦慮型／混亂型），前頁圖表中的「焦慮」與「逃避」程度，決定了你的依附類型。

　　如果你屬於逃避型，便不會想在同一個人身上花費太多的時間和能量，因為對方不會一直跟自己在一起，因此可能會選擇使用不過度依附對方並快點前進的策略（逃避），反之則會對依附對象過度執著（焦慮）。全世界有超過百分之五十的人口為安全型依附，約有百分之二十的人是焦慮型依附，百分之二十五的人為逃避型依附，而剩下的百分之三至五則為較少見的混亂型依附*。

安全型（低逃避，低焦慮）

　　──我可以自己一個人，也可以跟你近距離相處。

　　這一類型的人，可以自然地建立溫暖且充滿愛的關係。他們對自己與他人都抱持著正面且樂觀的態度，不害怕獨處，跟他人相處時也不會感到不自在；可以自然地說出自己的需求或情緒，也擅長掌握伴侶的情緒並做出相應的反應。他們能夠將自己的成功或困難告訴朋友，也能夠傾聽朋友想說的話。

焦慮型（低逃避，高焦慮）

——我好想建立關係！為什麼要逃離我？

這一類型的人無法信任自己，他們不覺得自己是個不錯的人，並且非常需要他人，因此會過度執著於對象。對伴侶的情緒或行為皆十分敏感，容易心情不好，不過他們越是靠近對方，對方就會逃得越遠。

逃避型（高逃避，低焦慮）

——我只想獨立地獨自生活！

這一類型的人無法信賴他人，認為自己一個人就夠了，與他人拉近關係時會感到不自在。他們不會浪費時間處理人際關係，也擔心會被他人拒絕；他們冷漠、防衛心重，並且鮮少表露個人情緒。當感覺個人領域遭受侵犯時，會覺得面臨危機。

混亂型（高逃避，高焦慮）

——靠我近一點！離我遠一點！

這一類型的人無法信任自己，也無法信任他人，他們處在自我厭惡的狀態中，情緒十分混亂。這一類型的人很渴望愛，然而若對方靠得太近，他們又可能會傷害對方。

在情緒或身體方面受虐的年幼孩子，會陷入進退兩難的困境。儘管生存本能告訴他們必須依靠他人，但當他們在依靠父母時，卻總是受到虐待與忽視……在這樣混亂的狀況當中，他們就容易因此發展出混亂型依附。

執著的我，逃跑的男友

一般而言，安全型依附者彼此之間較容易建立關係，而焦慮型依附者則更容易與同是焦慮型依附者的對象建立關係。如果你是焦慮型依附者，那麼你將有很高的機率與焦慮型依附者認識或交往。

除了安全型配上安全型的情侶之外，最常見的情侶組合就是焦慮型搭配混亂型，這兩種類型雖然恰好相反，卻經常能建立關係並長久地維持。

如果各位是焦慮型依附者，便絕對不能與逃避型依附者交往。根據許多研究結果顯示*，男性的逃避型比例較高，而女性則是焦慮型的比例較高。在自戀型媽媽扶養下成長的女兒，有極高的可能會是焦慮型依附者，她們在談戀愛時會對伴侶過度執著，只要伴侶短暫不聯絡，她們便

會感受到威脅，並認為：「對方會不會是想跟我分手？」然而，逃避型依附者在關係越親密時，就越會感受到威脅，因此會不斷地想逃離。

焦慮型搭配逃避型的情侶會困在無限的迴圈中，當焦慮型的女性越是靠近，逃避型的男性便會越往後退。逃避型的男性會不斷創造祕密、逃避並抗拒，他們想保持距離，但焦慮型的女性卻總會在他們的周圍徘徊，展開一場有如貓捉老鼠的追逐戰。親密感的需求無法獲得滿足的焦慮型女性，很容易與其男友發生爭執。

她們會想：「到底哪裡有問題？到底怎麼了？告訴我原因，我們用對話來解決問題吧！」

然而，逃避型男性並不打算解決問題，當他們最親近的人使其感受到威脅，他們便更會隨便對待這位想拉近距離的焦慮型戀人。焦慮型的女性越是執著，迴避型的男性就越會保持距離，並持續創造祕密，使得兩者之間的衝突無法輕易解決。韓劇《祕密花園》的原聲帶當中，〈那女人〉這首歌的歌詞就描述了類似的互動。

一個女人說她愛你，那女人愛得很用心。

每天如影隨形地跟著你，她總是笑著流淚。

（中略）

我想被愛，親愛的，每天只能在心裡大聲呼喊，

那女人說，她今天也在你的身邊。

（中略）

再更靠近一點，更近一點，

愛著當我靠近一步就後退兩步的你，

此刻我也陪在你身邊，她哭著說。

執著女與逃避男互相來往的原因

焦慮型依附者容易將情緒起伏與愛情混淆，並將情緒上的高潮與緊張，當成是真正的愛情。與逃避型依附者之間的戀愛就宛如走在沙漠之中，焦慮型依附者絕對無法獲得自己想要的強烈親密感。然而，就像偶爾能在沙漠中發現小綠洲一般，焦慮型依附者也會有感受到微小關心或愛意的時刻，並逐漸對這類吝嗇、微小且不知何時會出現的愛上癮。

逃避型依附者所給的愛不僅不穩定，往往還是間歇性的，但令人驚訝的是，這種不規律且難以預測的間歇性回報，反而更容易令人上癮。＊假設我們設定要在實驗鼠躺在棍子上時給牠食物，其中一種方式是固定在牠躺十次時給牠食物，另一種方式則是隨機給予食物（不管牠躺了幾次），結果便會發現在規律性的餵食條件下的實驗鼠，在躺到一定的次數後就不會再躺了，而難以預測獎勵機制的實驗鼠則會持續躺在棍子上；沉迷賭博也是類似的情況。

焦慮型依附者會在情緒如搭雲霄飛車般衝上頂點時，感覺「這才是真愛」，在遇到直率表達個人情緒的穩定型男性，焦慮型依附者反而會說：「我覺得你不像個男人。」可惜的是，焦慮型依附者渴望的命運之愛，其實是因為從小就設定好的焦慮型依附系統使其過度執著而已。

在與類似自戀者的壞男人或逃避型男性來往時，這一類型的女人便會啟動焦慮型依附系統，深信「我正在談一段平凡人無法經歷、如命中註定般的愛情」。縱使整個宇宙都在阻礙這段戀情，但在她們的腦中，自己已經成為悲情的女主角，她們認定這段感情就是真愛。

重複執著與逃避的混亂型

混亂型的特徵是高度焦慮，與焦慮型依附者的戀愛模式十分相似，他們會因為承受不住孤單而不斷嘗試建立關係。他們沒有自信，也沒有明確的認同，因此會不斷地尋求愛情，或透過愛情尋找能照顧自己的人，同時也渴望擁有能完美呵護自己的情人。混亂型雖追求親密感，卻也有著容易憤怒且無法控制的嚴重情緒狀態，與凡事皆採二分法的問題，該傾向會妨礙他們與他人維持親密關係。

混亂型的戀愛有如雲霄飛車——親密關係雖令人窒息，但在短暫保持距離後，又會像被父母拋棄的孩子般感到害怕。然而，也因為過於害怕遭到拋棄，他們經常會在對方提出分手前主動提分手，因為他們認為這樣比較不痛苦。

如何轉向安全型依附

即便你是焦慮型依附者，也不需要太過擔心，每個人的依附類型其實很有彈性且能夠被改變。

最好的方法，就是與安全型依附者談戀愛並持續對話，

學會信賴自己與對方，以及維持健康關係的方法。就算無法與父母建立安全型依附關係，也可以透過與安全型依附者戀愛，而練習建立起親密與穩定的關係。

若難以與安全型依附者戀愛，則可以透過心理諮商改變依附關係。由專業的心理諮商師持續並穩定地提供支持，不僅有助於矯正焦慮的想法或行為，也能夠練習正確地將自己的想法或情緒傳達給他人。

興趣與成就之間，
尋找人生的平衡點

過度追求成就型的女兒：學習感受樂趣

如果過去是在家庭中扮演「英雄」或「照顧者」的角色，那現在開始，請努力照顧自己並任意做些新的嘗試。可以嘗試一些與成就或挑戰完全無關、看似十分幼稚且浪費時間的目標，做一些平時的自己絕不敢想像的行為，打破自己訂下的規矩，暫時過上一段頹廢的時間也無妨。我想推薦各位搭配炸雞跟啤酒徹夜追劇、做指甲彩繪、高空彈跳、到夜店玩一整晚、學社交舞或當背包客去旅行！

TO DO LIST

1 --

2 --

3 --

4 --

5 --

6 --

7 --

8 --

9 --

10 --

自我防衛型的女兒：學習感受成就的喜悅

我曾跟一位訂閱者見面，她告訴我：「我是自我防衛型的，一直沒有任何目標，面對生活總是無力，但在看了妳的影片後才終於開竅。下禮拜我要去參加音樂劇的演員徵選！當然，我的年紀有點大，也沒有正式學過演戲或唱歌，但我想試著相信我的才能。」

這樣正向的改變很令人高興，但我同時也想給這些突然想嘗試大挑戰的人一些建議。

自我防衛型的女兒應該先從很小的事情開始改變，感受成就感與勝利感，這稱為「勝者效果」——只要持續達成小目標就能讓人產生自信，並進而獲得更多成功。因此與其設定太過遠大的目標，不如選擇努力幾個星期或幾個月就能達成的小目標。

例如托福成績超過一百分、減重至少二十公斤、考進知名大學……這一類的目標都可以先暫時放到一邊。先設定較小的目標，例如一個月不間斷地上瑜伽課、週末不吃泡麵或零食、每天去散步一次等等。完成後再慢慢進階成類似上完初階游泳課、去上馬卡龍製作一日課程、考取駕照、學烏克麗麗等目標。

TO DO LIST

1 --

2 --

3 --

4 --

5 --

6 --

7 --

8 --

9 --

10 --

改變生活模式

先在下一頁的表中寫下自己一天的行程。如果是過度追求成就型的人，建議只留下必要的行程，其餘與成果有關的目標都請先刪除，並加入與興趣有關的行程；而自我防衛型的人則要反過來，在其中加入與目標有關的行程。

開始嘗試新的活動之後，就能發現自己其實有著不為人知的才能。在找到興趣與成就之間的平衡之前，請持續透過這種方法調整自己的每日行程。

	日	一	二	三	四	五	六
7 AM							
9 AM							
11 AM							
1 PM							
3 PM							
5 PM							
7 PM							
9 PM							
11 PM							

第五章

自私也沒關係！

我為何無法原諒媽媽？

　　很多人聽了在與媽媽的關係中受傷而痛苦的女兒訴說自己的故事之後，都會要求女兒原諒或理解父母，我也經常聽到這些勸告。尤其當各位想透過宗教的力量克服悲傷時，往往會使這個難題更加難解，因為宗教認為原諒才是真正通往治癒之路的方法。

　　我也曾認為只要原諒父母就能結束這段痛苦，然而無論自己多麼努力，都仍難以原諒他們。即使今天下定決心要原諒他們，明天又會再度感到憤怒，甚至還會自責地想，我為什麼要如此執著於過去的事情，不肯放開無法改變的過去？

一直以來，身邊的人所給的建議都錯了。原諒是需要「階段性」進行的——為了原諒虐待者，我們需要漸進式的過程，不過我們卻經常跳過其他階段，而直接用最後一個階段的原諒來帶過，因為我們深信只要原諒就能解決一切問題。

現在讓我們正視現實吧！草率的原諒無法解決被害者內心的問題。

原諒的第一步，離開媽媽

離開虐待者 → 客觀化 → 克服創傷 → 原諒

原諒的階段

原諒的出發點就是「離開虐待者」，如此才能夠阻止虐待者繼續虐待或壓榨自己。一旦繼續與虐待者住在同一個空間，被害者便總會嘗試理解並合理化虐待者的行為。你能若無其事地與虐待自己、毀掉自己人生的人住在同一個屋簷下嗎？不能。因此被害者會持續催眠自己：「這個人會這麼做都是不得已的。」

另外，虐待者隨便一個小小的動作，都可能令被害者想起創傷。俗話說：「一朝被蛇咬，十年怕草繩。」即使虐待者並未表達憤怒，被害者也會持續感到緊張，只要虐待者的表情稍有變化，就會使被害者感到恐懼，也因此為了更快恢復，請不要繼續住在同一個屋簷下，請擁有屬於自己的獨立空間。

為了原諒，首先應該做的，就是不讓自己再受到虐待者的虐待，擺脫過去的關係，同時想辦法治癒自己所受的傷與承受的痛苦。這個過程可能會花好幾個月，也可能會花上好幾年。

而原諒也並不是非做不可的課題，全都取決於各位的選擇。

不要壓抑或忽視憤怒

為了治癒與恢復，應該要客觀地看待過往的事件——這其實是個很悲傷的階段，正視過去是十分痛苦的過程。為了克服創傷必須再次經歷當時所經歷的痛苦與悲傷，也因此很多人會跳過這個客觀化與克服創傷的過程，急於獲得

原諒帶來的安逸感。

我們總是傾向於壓抑憤怒、悲傷、孤單與委屈等情緒，然而，無論我們如何忽視這些情緒，它們也絕對不會消失，它們只會深藏在內心深處並逐漸壯大，並在某一天以不恰當的方式迸發。

許多逃避這種痛苦治癒過程的人都會選擇原諒，因為他們陷入「原諒才能讓自己痊癒，讓所有人獲得幸福」的幻想之中。然而，埋葬過去並夢想幸福的未來，只是一再地將自己困在虛幻的希望之中並不斷地感到失望。請絕對不要低估自己所受過的傷，也絕對不要忽視這些傷。

選擇決定不原諒的權利

我在小學三年級時，曾因為弄丟裝鞋子的袋子而被媽媽罵。當時全校所有小學三年級的學生當中，只有我還使用著在幼稚園畢業典禮時收到的鞋袋。我的鞋袋上沒有可愛的圖案，而是印著大大的幼稚園名字和電話號碼；我其實也很想像朋友一樣，使用印有可愛公主的鞋袋，但三年來，我從來沒開口提過這件事。

弄丟鞋袋的那天，我跟媽媽說有人把我的鞋袋拿走了。當時我穿著室內鞋，並沒有弄丟室內鞋，只需要買新的鞋袋就好。

聽完我的話之後，媽媽瞬間性情大變，她立即提高音量用各種難聽的話罵我，同時不受控地跺腳與揮手。而我只是低著頭，希望這段時間趕快過去，因為我一定要有鞋袋，隔天才能去學校。

過了四十分鐘後，媽媽才終於冷靜下來，她拿了錢讓我去買新的鞋袋，於是我終於在上小學三年後擁有了畫有公主圖案的紅色鞋袋。但在回家的路上，媽媽還是氣憤地將我的鞋袋丟在地上，用腳狠狠地踩了幾下，我實在無法理解為何我要承受她的這些怒火。

這類的事情在我的成長過程中一再地發生，像是戴很久的眼鏡鏡架壞掉、碗洗到一半不小心將碗打破等小失誤，我都必須被媽媽怒罵數十分鐘，甚至長達好幾天。其實，小學生弄壞眼鏡或打破碗是難免的事，但我總是只能接受媽媽過度的批評與憤怒。

即便在我長大之後，媽媽也持續將我當成洩憤的對象。當我獨自開始育兒、得知對孩子而言媽媽應該是何種存在時，才終於能客觀地看待過去，也才終於能夠面對我過去

感受到的悲傷、痛苦與恐懼，安慰那個害怕不已的十歲孩子。

那是一段非常痛苦的過程，但我仍花費了多年的時間進行。雖然如今我幾乎不再會想起創傷，但偶爾還是會想起幾個過去被我遺忘的事件。每當這種時候我便不會逃避，而是會靜靜地感受自己的情緒，告訴自己「這一切不是我的錯」。

媽媽虐待幼兒的行為不該被原諒或合理化，對於媽媽的行為曾對年幼的我造成多大的傷害，並在我成年後造成何種影響，我仍會感到憤怒與悲傷。比起努力原諒、禱告或閱讀聖經以使自己平靜，接受憤怒的我反而更幸福，也更少感到憂鬱與焦慮。

各位如此艱辛地活到現在，不需要再為了原諒虐待自己的人，而忍受椎心刺骨的痛楚。自戀型媽媽對各位所做的行為是絕不能被允許的，也不需被理解或合理化。我們應該接納自己的痛苦與困難，正視那些負面情緒並擁抱受傷的自己。

直到原諒媽媽為止

即使你已經原諒媽媽或選擇原諒媽媽，也絕對不能回到過去的關係中。一般而言，人們在歷經原諒與和解之後，就會回到過去的關係裡，不過我們必須在身心上都與自戀型媽媽保持距離，才能夠好好地保護自己。

自戀型媽媽與女兒之間的關係是維持了數十年的既定模式，「媽媽虐待女兒，女兒照顧媽媽」這樣的關係，也是經過長時間建立起來的，因此一旦再度拉近距離，兩者就會回到彼此最熟悉的位置。

不能放任媽媽繼續虐待自己。

哀悼

　　原諒媽媽的意思，是要各位放下對媽媽抱持的希望與期待，也就是拋開與自己理想中的媽媽建立親密關係的需求，或是乾脆放下自己想擁有一個理想媽媽的期待。

　　各位一直以來都陷在「想跟一位好媽媽一起生活」的幻想之中，或相信自己的行為可以改變媽媽，不過請接受「媽媽絕對不會改變」。當你接納這個事實之後，就能更快擺脫痛苦。

　　現在我們需要做的就是充分地悲傷，為「失去自己理想中的母親」的這件事哀悼，為因為媽媽而失去應有的內在價值感到悲傷，並為自己失去的一切感到憤怒。

可以斬斷與媽媽的緣分嗎？

有什麼好方法能夠維持或整理與媽媽的關係嗎？或許我們不一定要斬斷和媽媽的緣分？

在這一章當中，讓我們一起來看看虐待者媽媽與受害者女兒可以建立的三種關係。

1. 維持（繼續現在見面與聯繫的模式）。
2. 最低限度的接觸（將見面與聯繫的頻率降到最低）。
3. 完全不接觸（完全不再見面與聯繫）。

每種關係都各有優缺點，可以依照個人的狀況與實際情形選擇最有利的方式。無論各位選擇何種關係，自戀型媽

媽都會嘗試反抗並破壞各位建立的規則,因為她們不能認同決定權在子女身上。為了守護自己決定好的關係模式並抵抗媽媽,各位將會花上很多精力。

維持

維持現在的關係。若妳還未成年,無法立刻離開父母獨立,或由於父母親年邁而需要照顧他們,便可以選擇這個方法。此關係最大的優點是既可以盡量避免自己受傷,也可以維持現在的關係。

選擇維持的人,可採用以下策略:

1. 不參與媽媽的自戀遊戲

不要將虐待者的行為或發言當成是針對個人,而要客觀地看待。如果媽媽對妳說:「妳真是太可怕了。」妳可以把這段話當成「是喔~原來媽媽覺得自己很可怕,只不過又選擇推到我身上」來理解,避免讓自己有錯誤的罪惡感、責任感與羞恥心。

混亂	給予羞辱感	施加罪惡感	推測「原來妳一點都不感激我！」	煤氣燈效應
召喚回憶利用音樂、照片、回憶等	補償	懲罰	貶損	顧左右而言他
沉默	懸停	假扮受害者	誇大	差別待遇
眼淚攻勢	批評轉嫁	假道歉	憤怒	操縱
暴力	威脅	散播假消息	飛猴	照顧

自戀者的賓果遊戲*

各位可以將上圖的賓果遊戲圖記在腦中,在面對媽媽時試著玩玩看,以客觀的態度看穿自戀者的行為模式!

2. 不要有情緒反應

絕對不能表現出情緒。自戀者是奪取他人情緒的情緒吸

血鬼，就跟我們一樣，自戀者也很希望獲得他人的稱讚、愛護與關注等正面情緒。

自戀者即使無法獲得正面的情緒，也會想辦法獲得負面情緒。試著想像有人來到妳的面前，對妳大喊：「拜託不要管我！妳毀了我的人生！妳毀了我的人生！」妳肯定會覺得心情很糟吧？不過自戀者對此感受到的卻是：「妳果然無法忽視我的存在！」自戀者會在那一瞬間感覺自己很有影響力，並為此感到喜悅。

如果各位沒有任何情緒反應，自戀型媽媽就會狂按妳的情緒開關並嘗試得到負面情緒。所謂的情緒開關，就是妳們討厭的人或不想提及的糗事，自戀型媽媽會刻意提起女兒前男友或前夫的近況，或是在他人面前刻意透露女兒的私事。

若妳的自戀型媽媽嘗試按下情緒開關，我建議妳可以「轉換話題」，盡量維持平常心並以禮相待，因為表露出情緒對自戀者而言就是撒下一大把魚餌。

3. 嘗試膚淺的話題

請不要與自戀型媽媽分享妳的成功或失敗,因為她們或許會以不在乎的態度貶低妳的成功,或嘗試將那份成就占為己有;反之,針對妳的失敗,她們也可能會用最猛烈的方式批評妳。

試著談論些膚淺的話題吧!(可以討論天氣之類的)不要講述個人的情緒或近況,也不要期待得到情緒的支持或援助。

這時,媽媽可能會抱怨妳變了,而如果她說:「妳最近都只顧著跟朋友玩,都忽略媽媽了……」妳可以試著轉移話題,說:「有嗎?我最近有常跟朋友見面嗎?是因為春天到了,喜事變多了嗎?對了!媽,這個月什麼時候要辦互助會啊?妳穿前幾天買的連身洋裝去參加,一定會很漂亮。」建議可以用這種方式,將話題轉到與媽媽有關的事情上。

最低限度的接觸

最低限度的接觸(又可稱為「Low Contact」)是最多

女兒選擇的關係模式，此關係的優點在於能盡量減少與媽媽見面的機會，同時又能與其他家人維持關係。只不過自戀型媽媽在此時會不斷挑戰女兒建立的規定和界線，因此必須花費許多精力來抵抗她們。

1. 告知媽媽自己訂下的見面與聯絡標準

如果妳的媽媽是放任子女的類型，就不需要特別告知，只需要減少見面和聯絡的頻率就好，因為她們不會察覺到各位正在限縮雙方見面的機會。然而，這一類媽媽的態度，很可能會對想報復媽媽的女兒造成更大的打擊或傷害——在了解到自己對媽媽而言真的不具有任何重要的意義，是一件非常令人心痛的事。

如果妳的自戀型媽媽是非常執著的類型，就必須以比較不同的方式處理。一旦妳嘗試減少聯絡或見面的頻率，她很快就會察覺並反抗，但妳還是必須態度堅定地告訴媽媽，並減少見面的頻率。當然，妳們肯定會發生爭執，或她會開始對妳施展煤氣燈效應，請記住，這些手段都是為了讓妳陷入混亂。

2. 努力守護自己訂下的標準

最低限度的接觸是個很困難的選擇。即使嘗試畫清界線，並要媽媽「別再提前男友的事」、「別再說我老公的壞話」，或是「不要對我女兒有差別待遇」等等，媽媽還是會恣意妄為地無視這些規定。她們可能會忿忿不平地抱怨：「妳結婚之後就變了！妳每次講一講就生氣！」

媽媽的入侵會發展成實際的行動，無論妳如何強調一星期只能與她通一次電話，她都會瘋狂地打電話給妳或用訊息轟炸妳，甚至有可能到妳工作的地點與住家去找妳。妳要保護自己訂下的規矩，就必須消耗比預期更多的精力。

3. 不要顯露出情緒的反應

和媽媽見面時，也請不表露情緒並進行膚淺的對話，盡量引導媽媽說話，一旦出現與妳有關的話題，就要立刻將話題帶往膚淺的主題或媽媽身上。

中斷接觸

中斷接觸（即為「No Contact」）是最難做決定的關係

模式。幾乎沒有女兒會在一開始就決定進入這種模式，大多都是在為了與媽媽建立健康的關係，並經過上千次的嘗試之後（她們會在心中想著：「夠了！我真的盡力了，沒有任何遺憾了……」）才終於筋疲力盡地進入此模式。

在中斷接觸之前，女兒們都會感到害怕，也會擔心周遭親友的不友善視線，同時也會有強烈的罪惡感。不過，許多人在持續了幾個月後，都表示自己的人生終於有了一段真正和平的時光。

我們一直孤軍奮鬥，嘗試成為有如神話故事中的完美人物，不過事到如今，我們終於能夠以自己最真實的面貌而活，也終於有餘力照顧自己。

1. 中斷接觸代表完全終止關係

選擇進入此階段，就必須完全與媽媽斷絕聯繫。不僅不要傳簡訊、通電話，就連不小心撥打或接聽媽媽的電話也要立刻掛斷。在彼此社群上留下的訊息也必須全部刪除，在外偶然遇見要假裝不認識，妳生小孩的時候也不要聯絡媽媽。如果真的有什麼話不得不說，那就透過法律代理人去接觸。

2. 先對社會的刻板印象有心理準備

各位遭受自戀型媽媽的虐待，但媽媽卻否定各位的記憶與經驗，而這個社會也會對媽媽是否真的會做這種事而感到懷疑，或許還會批評妳不懂事、不理解父母的心，甚至還會說「等妳生了小孩，就會了解父母的用心」或「父母也是人，都會犯錯」等等。

不過沒有一個人應該讓自己留在虐待者身邊，如果有一個同學三年來都持續霸凌與欺負妳，妳有辦法繼續待在對方身邊嗎？妳有辦法原諒家暴妳十多年的老公，安然無恙地與他生活在一起嗎？人們都同意被害者與加害者必須分開，卻總要求被害者原諒、包容並理解虐待自己的媽媽。

3. 充分嘗試，直到自己能相信自己

決定中斷接觸之後，或許會有人為了再次確認「自己的想法對不對」、「媽媽是否真的如此可怕」而再次回頭去找媽媽，有時候也會再次被媽媽的伎倆所騙。

但請不要因此感到挫折。沒關係，直到妳能夠堅定相信自己並做出最後的選擇之前，妳都有足夠的機會與權利去嘗試。

當妳在曾中斷接觸後回到媽媽身邊，媽媽會暫時對妳很

好，而妳也會因為曾經懷疑、拒絕媽媽而產生罪惡感，因此更努力想對媽媽好；妳也會感到安心，並覺得未來會過得很幸福。

不過如同前述，這段蜜月期並不會持續太久。自戀型媽媽面對「竟敢大膽地拋下自己」的女兒，早已下定決心要好好給予懲罰，因此在蜜月期後會對女兒更差。

4. 做好心理準備與其他家人斷絕關係

如果妳決定中斷與媽媽的接觸，那就必須做好準備與爸爸也斷絕聯繫。當然，父女或許可以在沒有自戀型媽媽的情況下單獨見面，但大部分的情況，爸爸都聽命於自戀型媽媽。爸爸對於媽媽加諸給女兒的痛苦袖手旁觀，因此爸爸最終仍是站在媽媽那邊的。

媽媽對我的先生與子女
造成的影響

　　大部分的女兒在婚後仍生活在媽媽的影響力之下，就算是為了逃離媽媽而選擇結婚，媽媽也仍會藉口要幫忙照顧小孩並要求女兒住在附近，或隨時進出女兒的家、干涉女兒的生活或育兒問題。

　　因為不想在老公或婆家人面前曝光這些醜事的女兒，必須小心翼翼地維護與媽媽的關係（倘若結婚典禮或孩子的周歲宴等大活動，娘家媽媽沒有一起參與，會使女兒非常困擾），女兒也會因為害怕被先生挑毛病而獨自隱忍、受媽媽操縱。

想成為女兒另一半的媽媽

自戀型媽媽會持續介入女兒與女婿之間的關係，而最常見的手法就是在女兒面前說女婿的壞話。媽媽會感嘆「朴女婿看起來就不喜歡我來你們家」、「哎呀，崔女婿很明顯就是瞧不起我們親家」等等，同時也會揣測女婿的行為，甚至拿女婿根本沒做的事來批評。而一再聽媽媽說這些話的女兒，也會不禁開始懷疑：「我先生真的這麼討厭我媽媽嗎？」

在女兒心中埋下對先生的不信任之後，自戀型媽媽就會正式開始離間兩人的關係。自戀型媽媽的下一步，就是將女婿從女兒的家庭中排除，而她們也絕不會放過女兒生小孩的這個機會──她會整天跟女兒一起待在家裡，等女婿回來後換上有些冷淡的態度，或是假好心地說：「我會把一切都照顧得很好，你不如去加班多賺點錢回來，反而對家裡更有幫助吧？」

只要女兒自己沒發現問題並主動與媽媽保持距離，女婿便束手無策。在原生家庭中，是爸爸跟女兒以媽媽為中心打轉，而在女兒新組織的家庭中，則是女兒、女婿和孫兒以女兒的媽媽為中心打轉。

想成為孫兒媽媽的媽媽

各位在看到媽媽疼愛自己的孩子的模樣，肯定都會短暫地獲得安慰，如果媽媽本身的個性非常執著，就會經常想跟孫兒待在一起。部分自戀型媽媽會成為疼愛孫兒的好外婆，因此在這個情況下，各位會不希望讓自己的孩子沒有外婆。

然而，自戀型媽媽會不斷嘗試介入女兒跟孫兒之間，因為孩子年紀越小便越容易教。自戀型媽媽可能會給孫兒許多巧克力，並說：「噓！這個要對媽媽保密！」或是買玩具給孫兒，並說：「媽媽那邊我會去跟她說，你不用擔心！」對天真且單純的孩子而言，他們會更喜歡外婆，而不是會強迫他們吃南瓜或紅蘿蔔的媽媽。

孩子年紀還小時，不太會與自戀型父母或祖父母起衝突，有些專家認為這個時期會持續到兩歲，有些專家則認為會一直維持到七歲。總之到了一定的年紀，孩子便會開始有自我主張，他們會表達自己的意見，也會拒絕聽從自戀者的話。

對孫子產生差別待遇的媽媽

各位請不要請自戀型媽媽幫忙養育自己的子女，即便別無他法，也一定要避免這種情況發生。（如果真的要上班，就把孩子送到幼兒園、請人幫忙接送、找保母或送托兒服務等，想盡辦法動用所有可能的方法。）

「其他人的女兒都從小就備受寵愛，也有很好的工作，嫁給很會賺錢、能力很好的老公。生了小孩還能讓娘家的媽媽幫忙，過得很輕鬆，但我居然連這點好處都要放棄嗎？」

部分受經濟因素影響而必須工作賺錢的女兒，或許會感到非常不公平。沒錯，我也曾覺得很委屈，不過人生本就是不公平的。我們的父母是自戀者，是完全不會退讓的人，因此我們的人生總是比別人不利也比別人更辛苦。

我們在結婚生子之後，首要之務就是避免自己的先生與孩子捲入自戀型媽媽的遊戲中。若將妳的子女交給自戀型媽媽，就幾乎等同於讓妳的子女遭受虐待。不久後，自戀型媽媽就會開始施展她擅長的差別待遇，為妳的子女分配「英雄」與「犧牲品」的角色，讓他們承受痛苦。

媽媽應該是要能讓孩子信任的對象，卻從小對孩子施以差別待遇或虐待……這些經驗在長大成人後會造成何種影響，各位不都已經親身經歷並感受過了嗎？

擺脫罪惡感吧

「飛猴」會試圖挑起妳心中的罪惡感，他會告訴妳：「媽媽真的很想念孫子，媽媽辛辛苦苦把妳養大，妳怎麼能這樣背叛她？」然而，自戀型媽媽懷念的是恭敬且順從她的女兒和年幼的孫兒，她只是希望有人成為她的獎盃，讓她能夠向身邊的人炫耀。

妳的小孩最需要的不是親戚，而是健康且幸福的媽媽。即使他們從沒有獲得過外婆的愛，只要能和身為媽媽的妳建立高品質的依附關係就夠了，沒有什麼能比這種健康的關係，更能幫助孩子相信自己並帶著自信成長。

向先生坦承，並一起找尋解決方案

許多女兒會努力向先生隱瞞有關媽媽的實情，因為她們不希望婆家和先生因此挑自己的毛病，而自戀型媽媽為了能不斷干涉女兒的人生，也會假裝自己是個普通的媽媽。沒有一位新娘會如此沒有肚量，在眾多賓客聚集的結婚典禮上刻意不讓自己的媽媽出席。除了結婚典禮之外，逢年過節回禮給婆家、生產時也都必須讓娘家媽媽露面，而這麼做的代價，就是女兒會成為媽媽的情緒垃圾桶。

在各位感到最痛苦且艱難的時刻，媽媽反而會招著妳最大的弱點並嘗試影響妳，她會以「要把妳最不願曝光的祕密告訴先生與婆家的人」來威脅妳。自戀型媽媽可能會跑到妳先生的工作地點或打電話給親家，大肆地抱怨妳有多麼不孝，要他們千萬多注意，絕對不能相信妳。

若妳屬於過度追求成就的類型，就越無法忍受自己的弱點、祕密被曝光在先生與婆家的家人面前。不過與其戰戰兢兢地抱著不知何時會爆炸的不定時炸彈，不如一開始就開誠布公地說清楚吧！自戀型媽媽就像口袋裡的錐子，無論如何努力掩飾，她都一定會冒出頭來，因此請至少將關於媽媽的真相告訴自己的先生。

從此由我養育我自己

　　世上有許多女兒，都為了獲得媽媽的愛而終其一生圍繞著媽媽打轉，她們深信只要滿足媽媽的願望、依照媽媽的指示行動或成為媽媽理想中的模樣，就能得到媽媽充足的愛。然而，即便竭盡全力，各位也絕對無法獲得心中渴望的溫暖與親密。

　　但各位也不需要太過絕望，我們仍然可以成為自己的養育者，回過頭來照顧自己。我們就是最能珍視自己並照顧自己的人，讓我們來稱讚自己是全世界最特別、最棒的人吧！

想像自己理想中的媽媽

若妳曾在小時候受盡痛苦，那妳的心裡肯定有另外一個理想媽媽的樣子，那個理想中的媽媽無論妳做錯什麼，都會相信妳並關心妳。

把理想中的媽媽，放大成會關心自己的存在吧！也可以把親戚長輩、奶奶與敬愛的老師等會溫暖以待並尊重妳的特定人物想像成媽媽。如果那些在小說、動畫或電影中出現的帥氣媽媽，變成我們的媽媽會怎麼樣呢？和我會有怎樣的對話呢？試著想像看看吧！化身成小少女，體會被媽媽抱在懷裡、備受寵愛的感受，體驗被想像中的媽媽稱讚並尊重的感覺吧！

或者，我們也可以直接成為自己的媽媽。我們天生就有值得依賴的母性，可以關心並愛護自己，因此請跟心中的媽媽一起感受自我並學習尊重自我的方法。就像在對待一個兩歲的小孩一樣，以溫暖且親切的態度教導自己，清楚地告訴自己「我很可愛」、「我很聰明」、「我是個心很溫暖的人」、「我很有才能」或「我的內在與外在都很美」……

我為自己準備的生日宴

我在不久前幫自己準備了三十五歲的生日宴，雖然沒有很豐盛，但我買了自己喜歡的水果蛋糕和芒果，讓生日當天變得很溫馨。我邀請老公和三歲的兒子來我的派對，跟我一起唱生日快樂歌並拍紀念照。兒子送了我從花圃摘下來的花，老公也送了我一張生日卡，而我則送了自己化妝品。

我這輩子幾乎沒有收過父母的生日祝福，也沒有在生日那天吃過大餐，雖然年逾三十，但過生日的次數屈指可數。每當我因為生日而稍微流露興奮的神情，媽媽就會對我投以輕蔑的目光，因此每到生日那天，我都會刻意過得像那天根本不是我的生日一般，也無法在人前說「今天是我的生日」。

有一次，我跟朋友一起去旅行，期間剛好遇到我的生日。我一如既往地不動聲色，但朋友卻剛好在我生日那天看見印在我車票上的出生日期（明天路 [4] 的車票需要年齡

---

4 為韓國鐵路公社推出的火車套票，可在三天內無限搭乘包括KTX（韓國高鐵）在內的所有車種。

證明，因此印有出生日期），他們都嚇了一大跳，其中一位朋友甚至還哭著問我為什麼不告訴他們那天是我的生日。

那天晚上，朋友買了一個摩卡口味的傳統奶油蛋糕來幫我慶祝生日。雖然獲得他們的祝福讓我感到很開心，但我同時也感到很混亂，因為自我出生以來，我從沒收過任何的生日祝福。

不過現在我可以確定，我出生在這個世界上，就已經是很值得祝福的一件事了！

接受周遭的協助

現在的各位可能感到非常孤單，不過請看看妳身邊擔心妳的朋友與戀人。即便身邊真的一個人也沒有也不需要擔心，因為妳們還有我！因為擔心一輩子受罪惡感與憂鬱纏身的妳們，我才會開始上傳YouTube影片，並將這些內容一頁一頁地寫成書。

去尋找能夠支持妳們的人，也是另外一種方法。

接受心理諮商

試著去找專業諮商師並接受定期的諮商吧！如此能夠讓妳在安全的空間裡，坦率地講述自己的情緒或經驗。透過諮商師的觀點看待發生在自己身上的事件，或重新發現自己的價值（但是請記得避開「要妳恢復跟媽媽的關係、回到過往的相處模式並原諒媽媽」的諮商師）。

發現真正的自我

關注荒蕪的自我

我們過去花費了太多能量與寶貴的時間與虐待者周旋。
我們可能曾不停地賺錢，最後卻全被媽媽拿走，也可能曾
與某個不錯的男人結婚，卻在媽媽的拚命介入下而錯過婚
期。

而有些人則可能因為走樣的職涯、孤立的人際關係、破
敗的健康、無法控制的憤怒與創傷等，只能茫然失措地看
著滿目瘡痍的自己。或許在這一刻，妳會感到空虛或湧現
一股強烈的自殺衝動。

但我可以確定的是，在認知到自己正在遭受虐待並踏上

這趟療癒旅程的妳，會在最後發現自己的價值。妳將不再是被害者或犧牲者，而是偉大的倖存者。

發現自己的價值

荒蕪化 → 否定 → 學習與自我懷疑 → 對虐待者的領悟
→ 憤怒 → 憂鬱 → 治療 → 自我省察

受自戀者虐待的受害者克服狀況的八個階段*

以上是遭受虐待者（精神變態／自戀者／反社會人格／迴避型人格障礙患者）的情緒虐待時，被害者會經歷的克服階段。和「否定→憤怒→妥協→憂鬱→接受」的悲傷五階段相比，多了認知對方有人格障礙，以及領悟自己是如何被操縱、被虐待的過程。

- 荒蕪化：女兒的人生變得一片荒蕪，會經歷空虛、自我厭惡、自尊感低落或自殺衝動等情緒，也會責怪自己，誤認自己是個怪人。
- 否定：否定自己遭受媽媽虐待的事實，努力告訴自己「自己很幸福、沒事」。

- **學習與自我懷疑**：在網路上搜尋相關事項或接受心理諮商，學習自己的心其實受了傷。不過因為害怕面對真相，所以會責怪懷疑媽媽的自己，也無法親口說出媽媽是個情緒上有障礙的人，始終覺得媽媽是愛自己的。

- **對虐待者的領悟**：同理能力出色的女兒，在「正確理解媽媽是怎樣的人」的這件事上會經歷困難，因為她們會假設所有人都跟自己一樣。女兒將透過學習，了解媽媽的想法與情緒，並感受那種可怕的心情——她們會意識到自己不曾獲得媽媽的愛，只是被困在無盡受虐的循環當中。

- **憤怒**：了解自己如何遭到利用、被操縱與被洗腦的女兒會感到憤怒。

- **憂鬱**：女兒會有很長一段時間，不斷在憂鬱與憤怒之間重複。有時候會氣到從床上彈起來，有時候會感覺這些事根本不需要生氣。

- **治療**：進入治療期的女兒們，會經常想著：「為什麼會發生這種事？」當然，想起過去發生的種種，很可能會使自己回到憤怒與憂鬱的階段，不過這類情緒都是治療過程中的一部分，未來女兒們將可以大方地說出發生在自己身上的事。

- **自我反省**：女兒們會在此階段認識自己的情緒，知道自己是個很有同理能力且有著利他心的人。這是女兒們最重要的價值，請對克服困難的自己感到驕傲。

我想要的是什麼？

很多女兒都不了解自己是怎樣的人、喜歡什麼或該以什麼維生，這是正常的。因為自戀型媽媽不允許女兒自行探索自己和世界，她們會將女兒放入固定好的框架當中，灌輸女兒自己的價值觀和想法。

如果女兒想抗拒此框架，就必須將所有精力用於保護自己不受父母影響。有時，自戀型媽媽會威脅或在經濟方面壓迫女兒，使其無法將精力用於必要之處，並且沒有餘力探索自己是怎樣的人，或探索適合自己的事情。

自由地探索自己和世界吧

現在開始，給自己探索世界的機會吧！把自己當成小學

生，試著做出各種嘗試，不管是整天玩網路遊戲或徹夜追劇……盡情地去學一些別人認為理所當然的事。（妳也可以學做甜點、插花、書法，或去挑戰自由潛水或高空彈跳，當然也可以到夜店玩一整個晚上！）

我自己便嘗試了一些平時想做，卻基於各種理由而被推遲的事情，還一口氣將許多舊的連續劇看完。我買了一臺便宜的平板來畫以家庭為主題的漫畫，也畫了一幅帆布畫掛在客廳，並找時間學習如何做耳環和裝飾磁磚等手工藝。某年夏天，我還跟老公一起成為芝加哥建築協會的會員，學習了芝加哥的建築歷史。

老公帶著我去現場學習，而我也造訪了自己喜歡的文學作品的故事背景。我曾到《紅髮安妮》的故事背景（加拿大的愛德華王子島）度過夏天、曾到訪《小木屋》一家人生活的小屋，也曾去過《湯姆歷險記》的密蘇里州漢尼拔，與《麥迪遜之橋》背景的愛荷華州麥迪遜地區等等。

在年逾三十歲的現在學習騎腳踏車時，我也曾有點淒涼地想：「我小學時到底都在幹嘛，到了這把年紀才在學這種東西……」不過我只是比較晚開始而已，現在的我可不會停下腳步，我會成為自己親切的養育者，盡情地探索這個世界。

我的人生，現在才要開始

　　我想送一首無名創作者的詩，給那些認為自己已經來不及享受人生的女兒們：

紐約比加州快三個小時

但並不表示加州比較慢

有人在二十二歲就大學畢業

卻用了五年的時間才找到一份好工作

有人在二十五歲就成了公司執行長

卻在五十歲結束一生

也有人在五十歲才成為公司的執行長

卻能活到九十歲

有人至今仍是單身

也有人早已步入婚姻

歐巴馬五十五歲就退休

但川普七十歲才就任

這世上的所有人，都活在自己的時間裡

你身邊的某些人速度比你快

也有些人遠遠落後你

別嫉妒他們

別嘲笑他們

他們只是活在自己的時間裡

你也只是活在自己的時間裡

人生取決於等待適當的行動時機

現在還不算太遲

也不會太早

現在就是行動的時機

　　我們都還來得及。或許我們曾稍微落後別人一點，但我相信，我們會活得比別人更加熾熱，也懂得更多有關人性的一切。曾受自戀者虐待的妳將會比任何人都有耐心！將會比任何人都具有同理心，也更懂得為他人著想！雖然曾經有些茫然，但只要慢慢地去完成自己做得到的事情就好。人生講求的不是速度，而是方向。

照顧內在小孩

夏天的療癒課題

5

寫信給過去的我

幼年時應該從父母那裡獲得溫暖的保護與照顧,卻未能如願以償的我們,心中都有個內在小孩(因痛苦與創傷而創造出的自我)。內在小孩躲藏在潛意識中,但當我們碰觸到過往的創傷時,他們便會跑出來。

現在開始回顧過去的自己,同理並安慰自己吧!祝福這個剛出生在世界上的自己,寫一封充滿愛與祝福的信,給新生的自己。

自戀型媽媽的女兒總會感覺自己的出生是不好的,因為生下自己的媽媽總對自己說些負面的話語,例如「懷妳的

時候狀況很不好，身邊的人都要我拿掉，是我硬要生下來」、「要不是妳，我就不會跟妳爸爸結婚了」或「都是因為生妳，才把我的身體搞壞了」等等。

因為是女孩子、因為意外懷孕、因為婚前懷孕……無論自戀型媽媽的理由為何，我們在出生前就不受到歡迎。就連生下我們的人都不曾祝福或祝賀我們的誕生，我們自然只會感到空虛、不安與自我厭惡。

我從小就不停聽我的自戀型媽媽說我有多讓她傷腦筋，她總說我在還是個新生兒時，晚上都不睡覺，讓她十分痛苦，而她也會看著自己鬆垮的肌膚，表示都是因為生了我才變成這樣……這也造成我長時間以來，對自己出生這件事有著深深的罪惡感。

但我們應該要祝賀自己的誕生，我們可以告訴自己，我們是多麼可愛且值得被愛的存在，並試著尋找有多少人因為自己的存在而感到幸福與喜悅。我們應該感謝自己出生在這個世界上，並輕輕親吻自己的額頭。

除了剛出生的自己之外，也可以寫信給幼兒時的自己、小學時的自己或青少年時期的自己。

給出生在這世上的＿＿＿＿

製作屬於自己的願望清單

試著計畫一些過去曾因為媽媽反對，或只能看媽媽的臉色而不能做的那些事。

當然，妳過去極度渴望嘗試的那些事情，現在可能都讓妳覺得沒什麼大不了，但即便如此也無妨。無論是小學時想做的事，還是二十歲的自己想做的事，妳都可以盡情地去體驗跟嘗試。

小時候大家都有最新的流行玩具，只有妳沒有，這曾讓妳感到悲傷嗎？那現在就去買一個給自己吧！妳可以去超市花個幾千塊，買個看起來還不錯的玩具給自己！

過去總因為嚴格的門禁時間而必須早歸嗎？那就到陌生的地方去旅行，或到朋友家住一晚吧！曾想成為作家，卻因媽媽反對而不能挑戰嗎？那現在就在下班後或孩子睡午覺時，暫時把家事放在一邊，好好寫出自己的作品吧！

屬於我的願望清單

1 --

2 --

3 --

4 --

5 --

6 --

7 --

8 --

9 --

10 --

《DSM-5》自戀型人格障礙
診斷標準

　　美國精神醫學會發行的《精神疾病診斷與統計手冊第五版》（DSM〔*Diagnostic and Statistical Manual of Mental Disorder*〕-5）所定義的自戀型人格障礙診斷標準如下，只要在九項中有五項符合，就相當於是自戀型人格障礙。

　　過度自信、渴望獲得稱讚以及無法同理他人感受等常見的現象，會在成年初期顯現，並且在不同的狀況當中，發展出至少五種不同的情況。

□ 過度強調自己的重要性。（過度誇大自己的成就或才能、在沒有足夠證據的支持下希望自己被認同為傑出的人等。）

☐ 深陷在對成功、權力、優越性、美麗與理想的愛情等事物的幻想中。

☐ 認為自己特別且獨一無二，只有水準相似的上流階層或單位才能理解自己，深信自己只能跟這樣獨特的人來往。

☐ 要求他人給予自己過度的稱讚。

☐ 對特權、特別待遇有著不合理的期待，即便沒有值得接受特別待遇的理由，仍會對特別待遇或他人的服從抱有不合理的期待。

☐ 在人際關係中為壓榨他人的一方，會為了達成自己的目的而利用他人。

☐ 缺乏同理心，不承認他人的情緒或需求，或不認為他人與自己一樣有著相同的情緒與需求。

☐ 經常嫉妒他人，或是相信他人嫉妒自己。

☐ 做出傲慢、驕縱的行為或態度。

● 媽媽是虐待者 ─────────────────────────

30頁 Stinson, F.S., Dawson, D.A., Goldstein, R.B., Chou, S.P., Huang, B, Smith, S.M., Ruan, W. J., Pulay, A.J., Saha, T.D., Pickering, R.P. & Grant, B.F., "Prevalence, correlates, disability, and comorbidity of DSM-IV narcissistic personality disorder: results from the wave 2 national epidemiologic survey on alcohol and related conditions", *Journal of Clinical Psychiatry*, doi: 10.4088/jcp.v69n0701, (2008).

● 奇怪的人是媽媽 ─────────────────────────

36頁 Lenzenweger, M.F., Clarkin, J.F., Caligor, E., Cain, N.M., Kernberg, O.F., "Malignant Narcissism in Relation to Clinical Change in Borderline Personality Disorder: An Exploratory Study", *Psychopathology*, Basel, Switzerland: Karger Publishers, 51(5): 318–325, doi:10.1159/000492228, (2018).

● 必須沉默才能生存的子女 ————————————————

71頁 Wegsheider-Cruse, Sharon, *Another Chance: Hope and Help for the Alcoholic Family*, Science and Behavior Books, 1989.

● 媽媽是宇宙的中心，是太陽 ————————————————

83頁 McBride, Karyl, *Will I Ever Be Good Enough?: Healing The Daughters of Narcissistic Mothers*, Free Press, 2008.

86頁 Bowen, Murray, *Family Therapy in Clinical Practice*, Rowman & Littlefield Publishers, Inc, 1985.

● 無緣遇到好父母的女兒，為何也無緣遇到好老公 ————————

185頁 Mellody, Pia, *Facing Codependence*, Harper & Low, 1989.

● 女兒的執著令男人疲憊不堪 ————————————————

189頁 Brennan, K.A., Clark, C.L., & Shaver, P.R., "Self-report Measurement of Adult Romantic Attachment: An integrative overview", In Simpson, J.A. & Rholes, W.S., (Eds.), *Attachment Theory And Close Relationships* (pp. 46-76), New York: Guilford Press, 1998.

190頁 Levine, Amir, & S.F. Heller, Rachel, *Attached: The New Science of Adult Attachment and How It Can Help You Find - and Keep - love*, Jeremy P. Tarcher, 2012.

192頁 Giudice, M., "Sex-biased ratio of avoidant/ambivalent attachment in middle childhood", *British Journal of Developmental Psychology*, 26: 369-379, doi:10.1348/026151007X243289, (2008). 義大利一項以一百二十二名七歲兒童為對象所進行的研究。根據調查，有焦慮型依附的兒童，其所展現的症狀類型分布會依性別而有所不同。焦慮型依附的男童有百分之二十七為逃避型，百分之二為焦慮型；而女童則有百分之二十五為焦慮型，百分之四為逃避型。

195頁 Eckerman, D. A. and Lanson, R. N., "Variability Of Response Location For Pigeons Responding Under Continuous Reinforcement, Intermittent Reinforcement, And Extinction1", *Journal of the Experimental Analysis of Behavior*, 12: 73-80, doi:10.1901/jeab.1969.12-73, (1969).

● 可以斬斷與媽媽的緣分嗎？ ──────────

216頁 Morrigan, Danu, *You're Not Crazy-It's Your Mother: Understanding and Healing for Daughters of Narcissistic Mothers*, Darton, Longman and Todd Ltd, 2012.

● 發現真正的自我 ──────────

236頁 MacKenzie, Jackson, *Psychopath Free (Expanded Edition): Recovering from Emotionally Abusive Relationships With Narcissists, Sociopaths, and Other Toxic People*, Penguin Publishing Group,

2015.

232頁 Elisabeth Kübler-Ross, *On Death and Dying: What the Dying Have to Teach Doctors, Nurses, Clergy and Their Own Families*, Scribner, 1969.

|參|考|文|獻|

若想更深入了解此議題，可查閱以下書籍與論文。

● 自戀型媽媽與女兒的關係 ─────────────────────

○ Karyl Mcbride, *Will I Ever Be Good Enough?: Healing The Daughters of Narcissistic Mothers*, Free Press, 2008.

在韓國翻譯為《我真的能有讓媽媽滿意的一天嗎？》出版發行，可惜現在已絕版（臺灣譯為《媽媽的公主病》，由橡樹林出版發行）。該書深入簡出地說明了有自戀型媽媽的家庭關係，將女兒的類型分為「過度追求成就型」與「自我防衛型」，並詳述兩種類型的心理狀態。

○ Susan Forward, *Mothers Who Can't Love*, Harper, 2013.

在韓國翻譯為《傷害人的媽媽》出版發行（臺灣譯為《母愛創傷》，由寶瓶文化出版發行）。將無法愛子女的媽媽類型，分成「過度愛自己的媽媽／過度執著的媽媽／想掌控一

切的媽媽／需要他人照顧的媽媽／不管孩子或對孩子暴力相向的媽媽」等五種，並針對各類型進行詳細的說明。

○ Susan Forward, *Toxic Parents: Overcoming Their Hurtful Legacy and Reclaiming Your Life*, Random House, 1989.

在韓國翻譯為《別成為有毒的父母》出版發行。將包括自戀型媽媽在內的自戀型父母，分類為「像神一般凌駕一切的父母／不盡義務的無能父母／操控子女的父母／沉迷酒精的父母／對子女施以身體或性虐待的父母」等，並針對各類型進行詳細的說明。

○ Danu Morrigan, *You're Not Crazy-It's Your Mother: Understanding and Healing for Daughters of Narcissistic Mothers*, Darton, Longman and Todd Ltd, 2012.

在韓國翻譯為《瘋子不是你，而是你媽媽》出版發行。簡潔明瞭地說明了自戀型媽媽的問題，並介紹相關的應對方法，包括寫信給虐待者以排解情緒，或勇敢斷絕與媽媽的聯繫。

○ Alice Miller, *The Drama of the Gifted Child: The Search for the True Self*, Basic Books, 1997.

在韓國翻譯為《孩子的連續劇：不得不成為天才》出版發行。講述在心理不穩定、焦慮的父母扶養下成長的孩子，為了配合父母需求而忽視自己的情緒，代為實現父母未竟夢想

的悲劇。書中提出合適的方法，幫助必須創造出虛假自我而總是感到空虛、孤單的孩子找到真正的自我。

● 自戀者的虐待 ─────────────────────────

○ Wendy Behary, *Disarming the Narcissist: Surviving and Thriving with the Self-Absorbed*, New Harbinger Publications, 2008.

● 依附類型 ──────────────────────────

○ Amir Levine & Rachel S.F. Heller, *Attached: The New Science of Adult Attachment and How It Can Help You Find - and Keep - love*, Jeremy P. Tarcher, 2012.

一本與戀愛有關的書（韓國無譯本；臺灣譯為《依戀效應》，由三采文化出版發行），書的主軸在於談論每個人都需要一個依附的對象，並以約翰・鮑比的依附理論為基礎，說明我們的依附系統如何影響我們對戀人的感情與行為。本書幫助戀愛中的情侶了解彼此，也建議焦慮型依附者可以努力讓自己轉變為穩定型依附者。

"To Infinity and Beyond!"

「飛向宇宙，浩瀚無垠！」